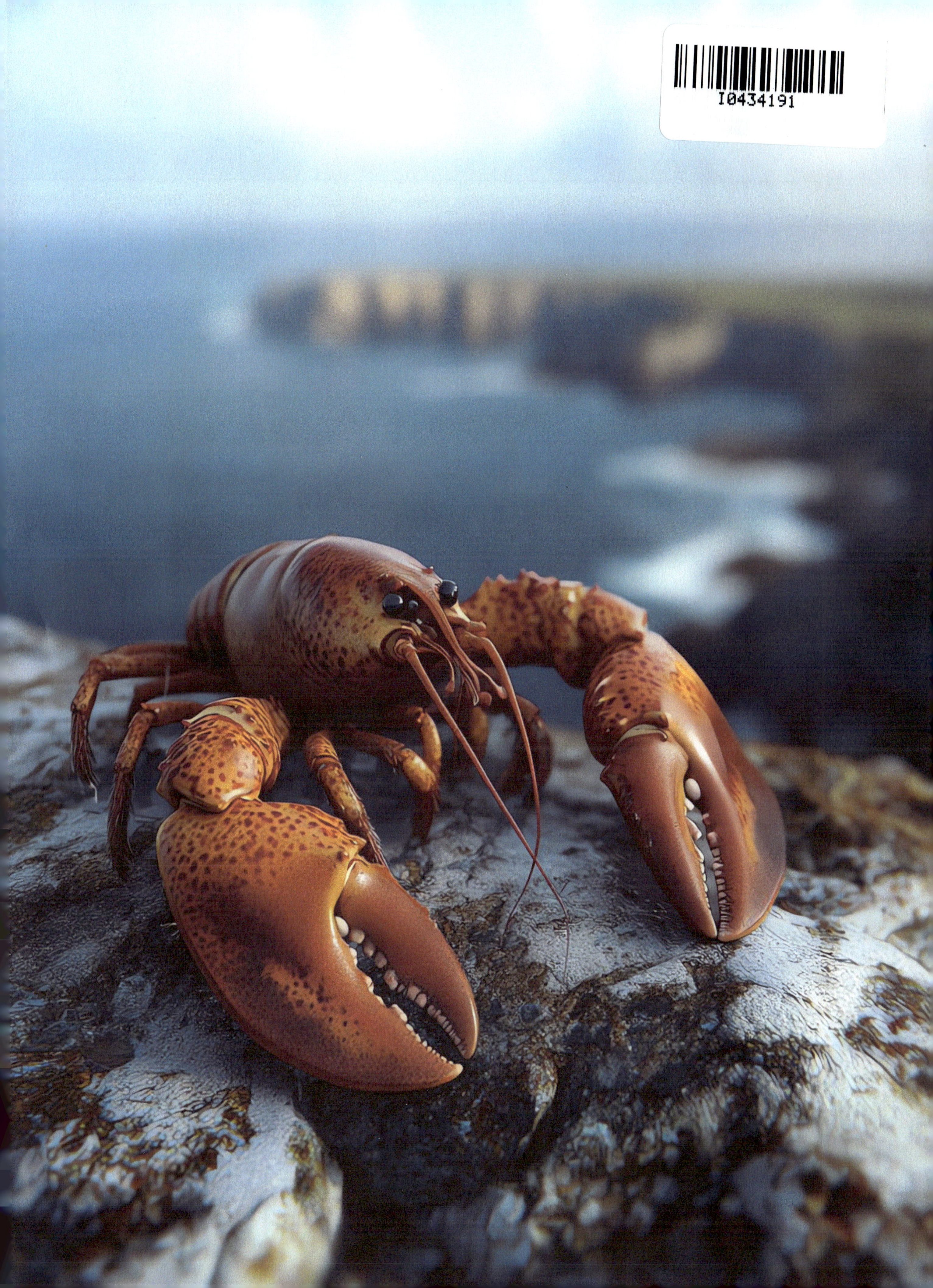

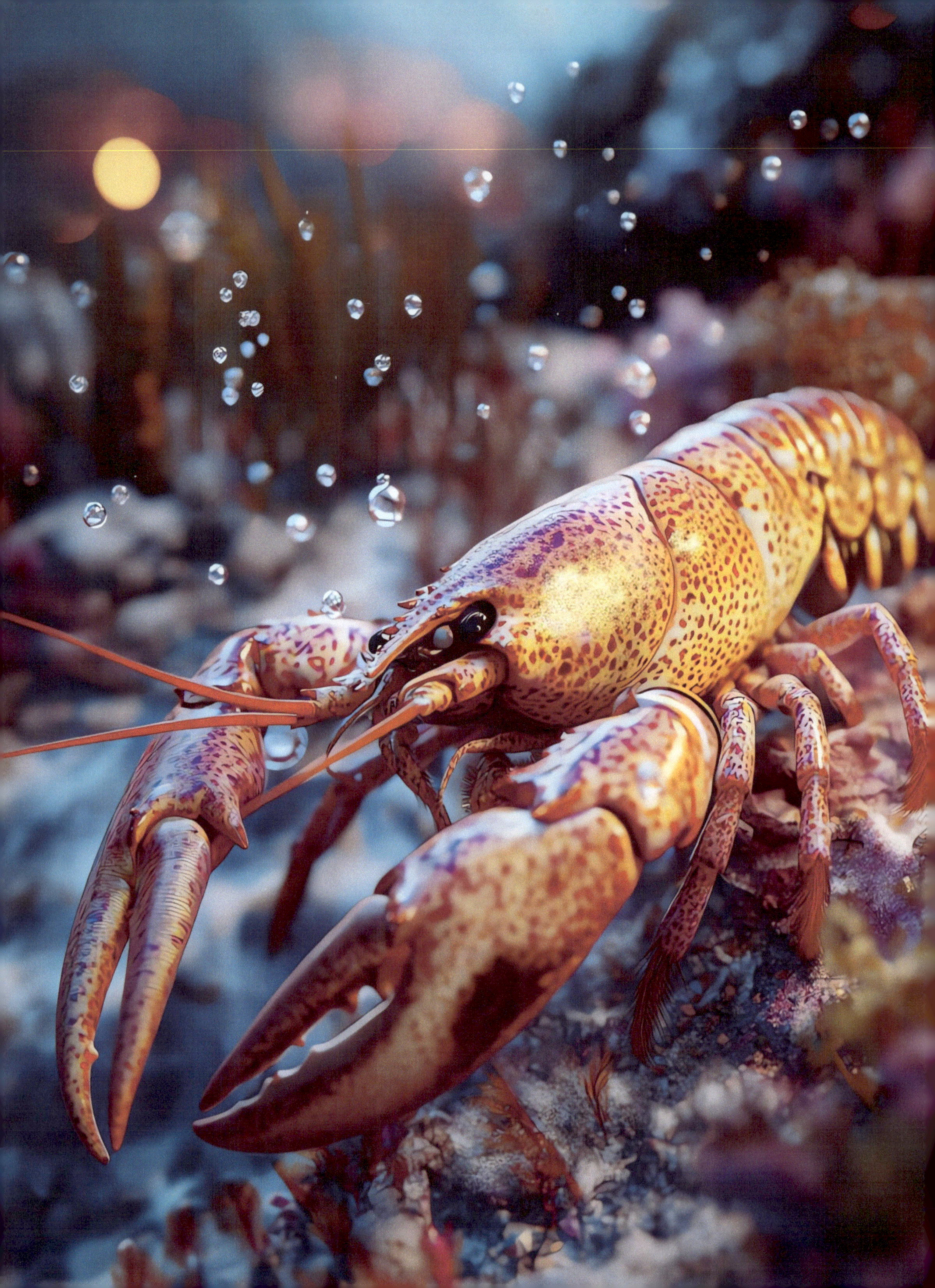

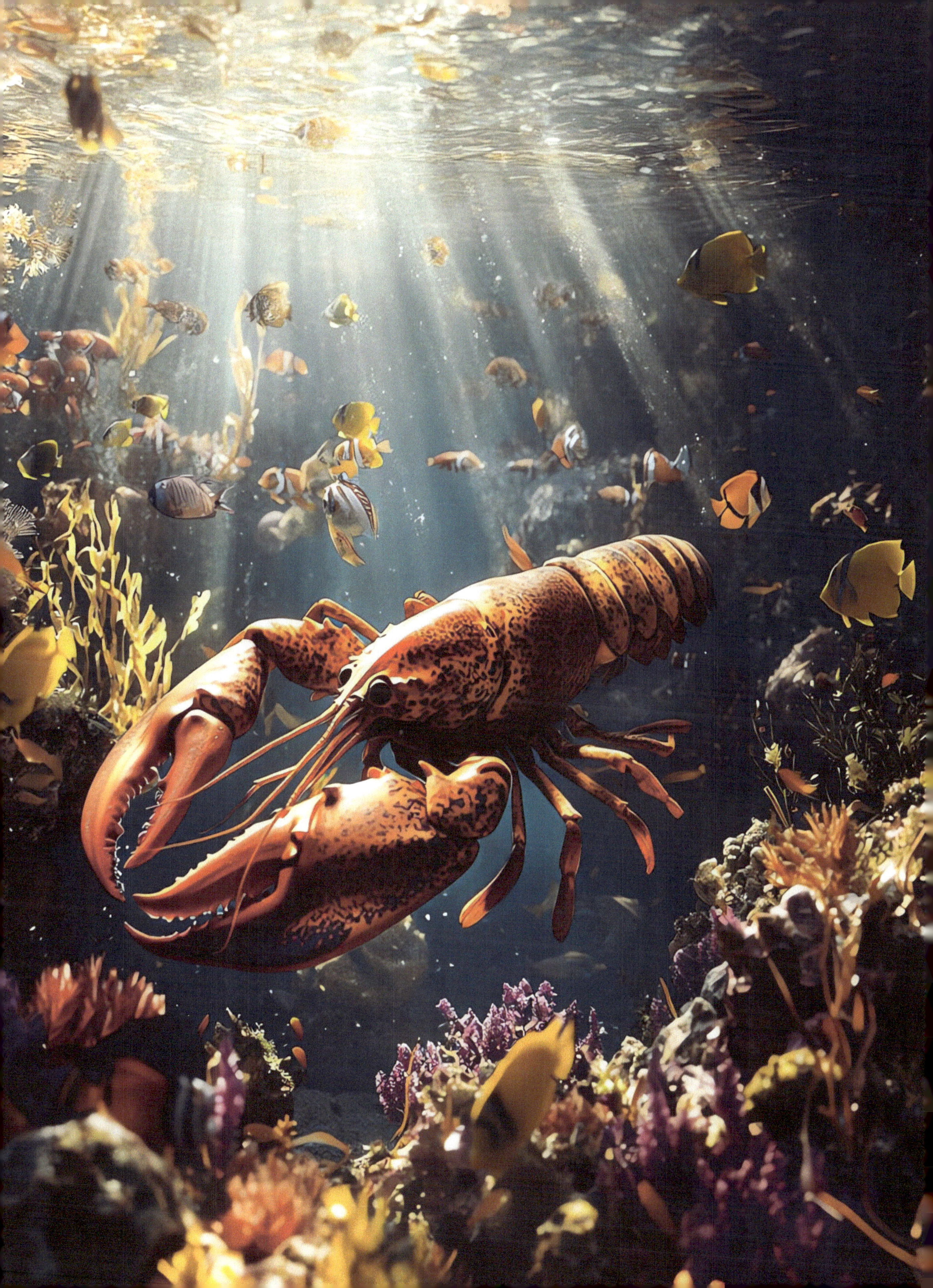

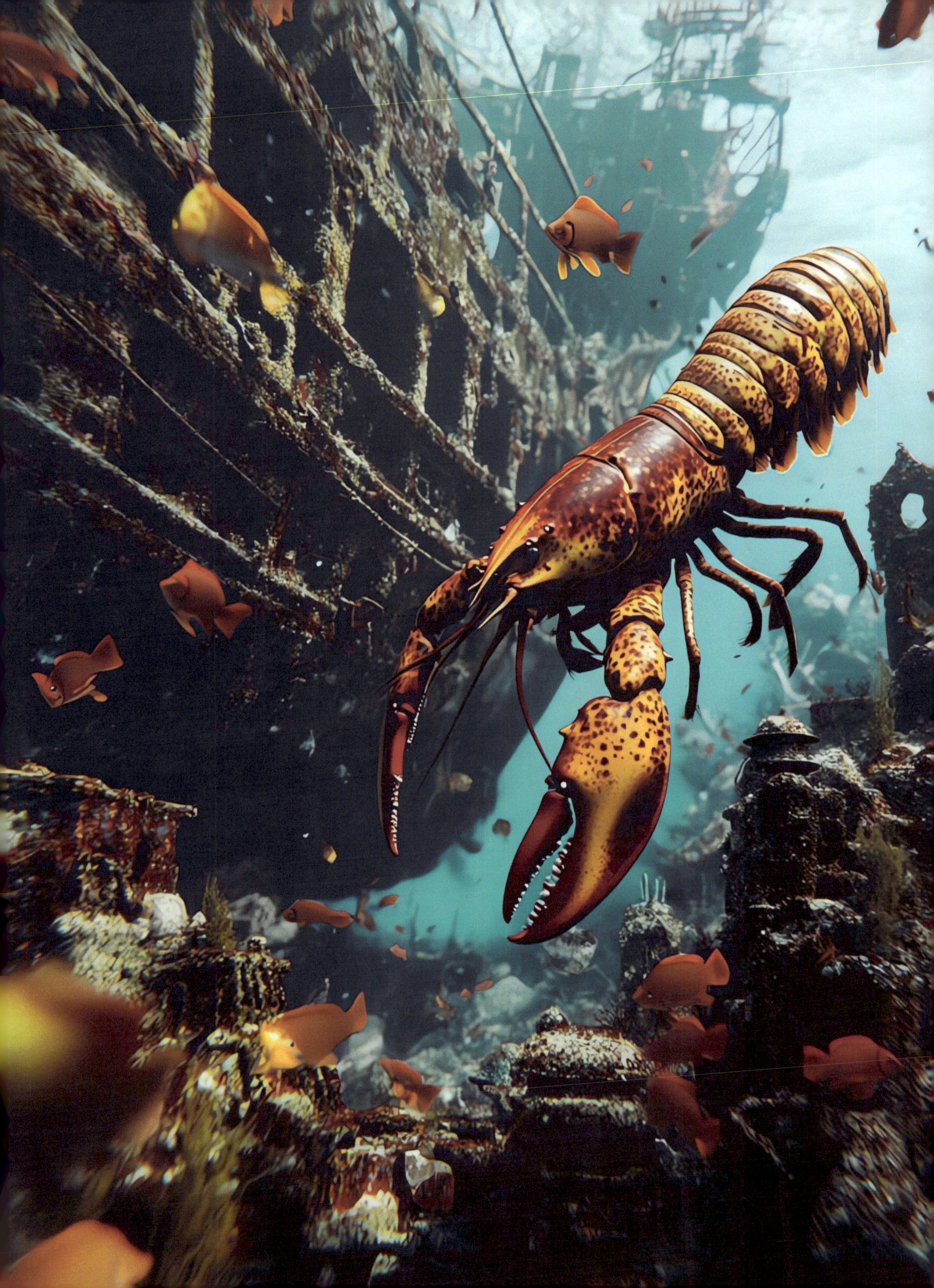

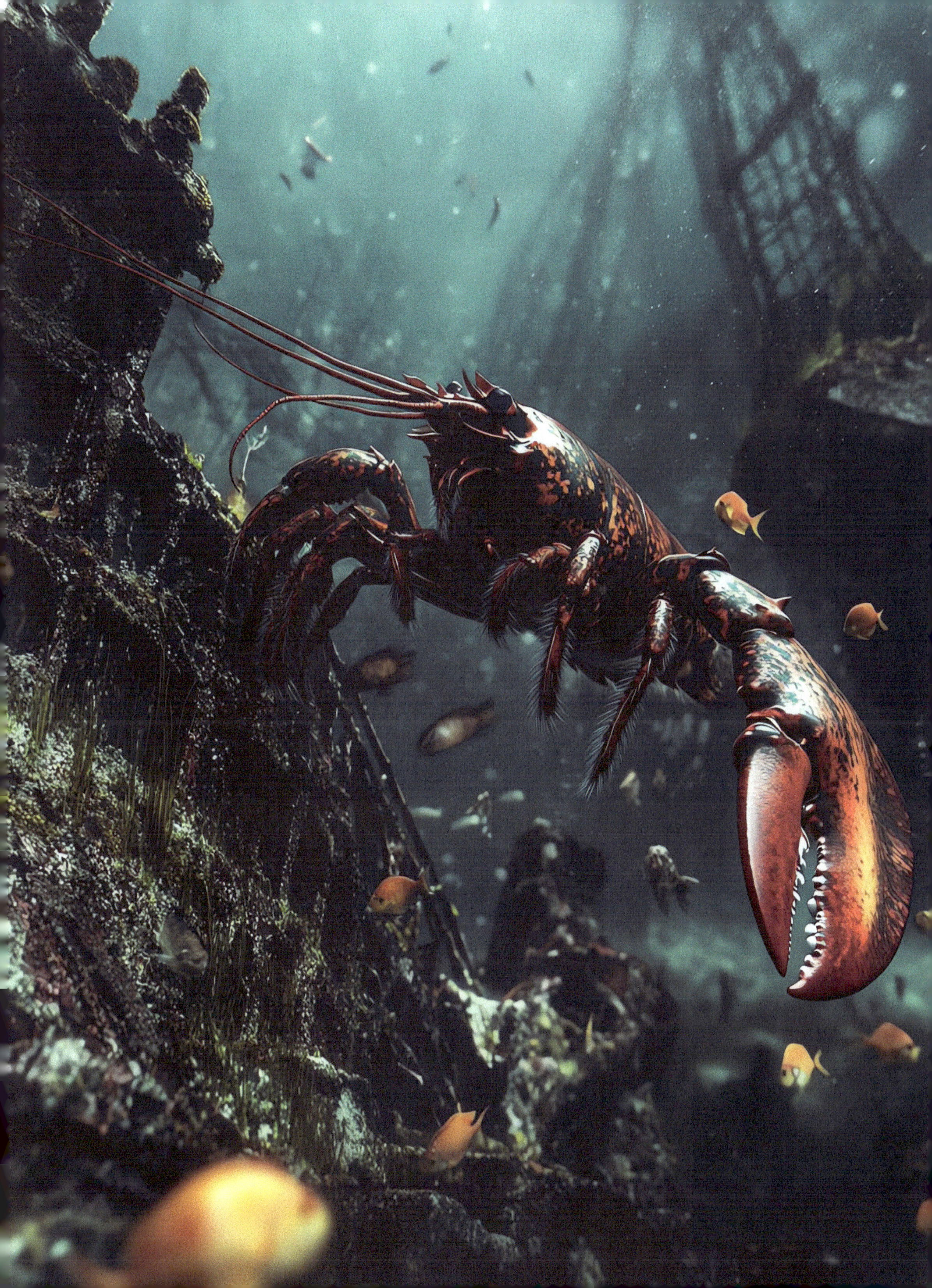

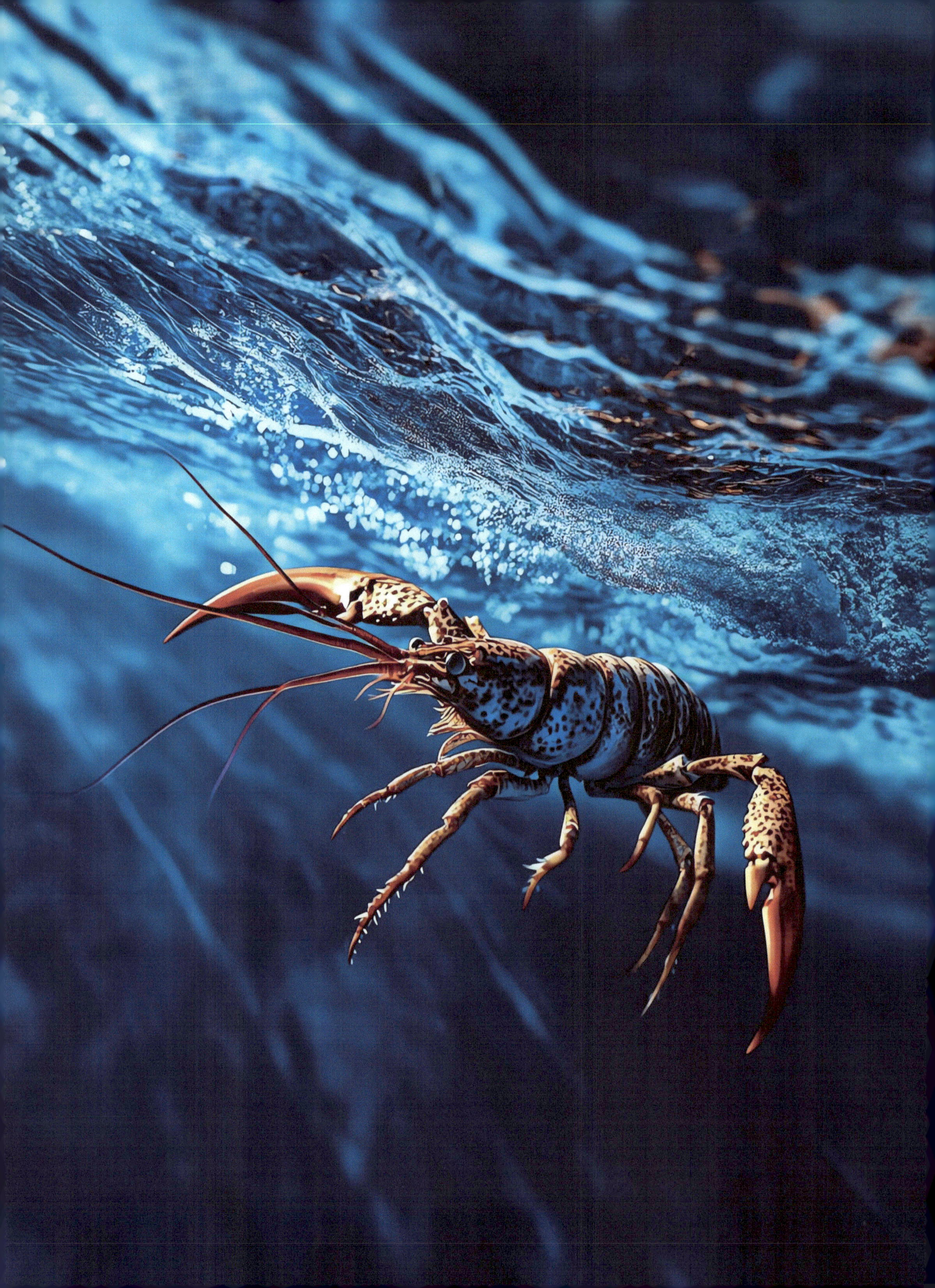

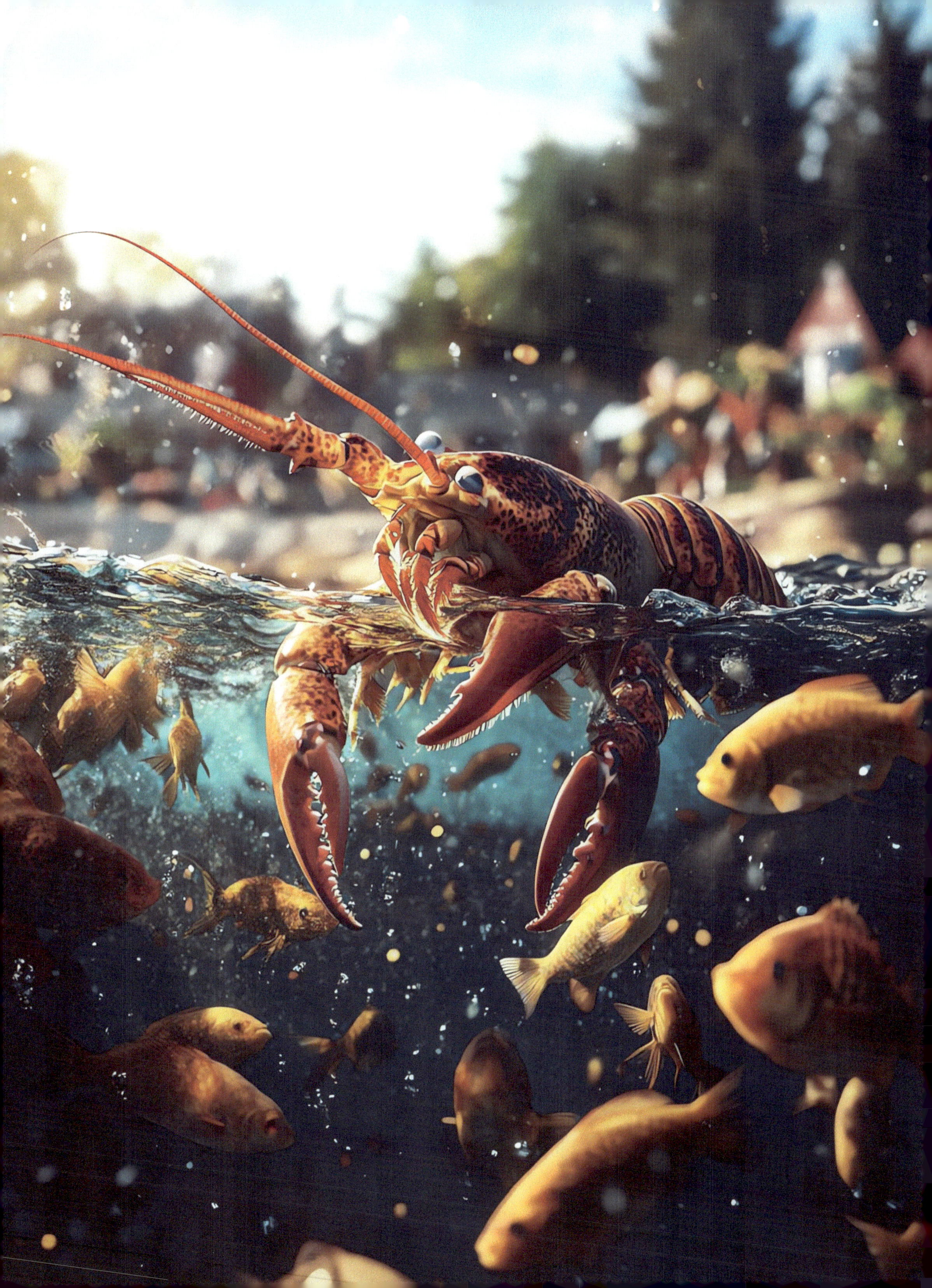

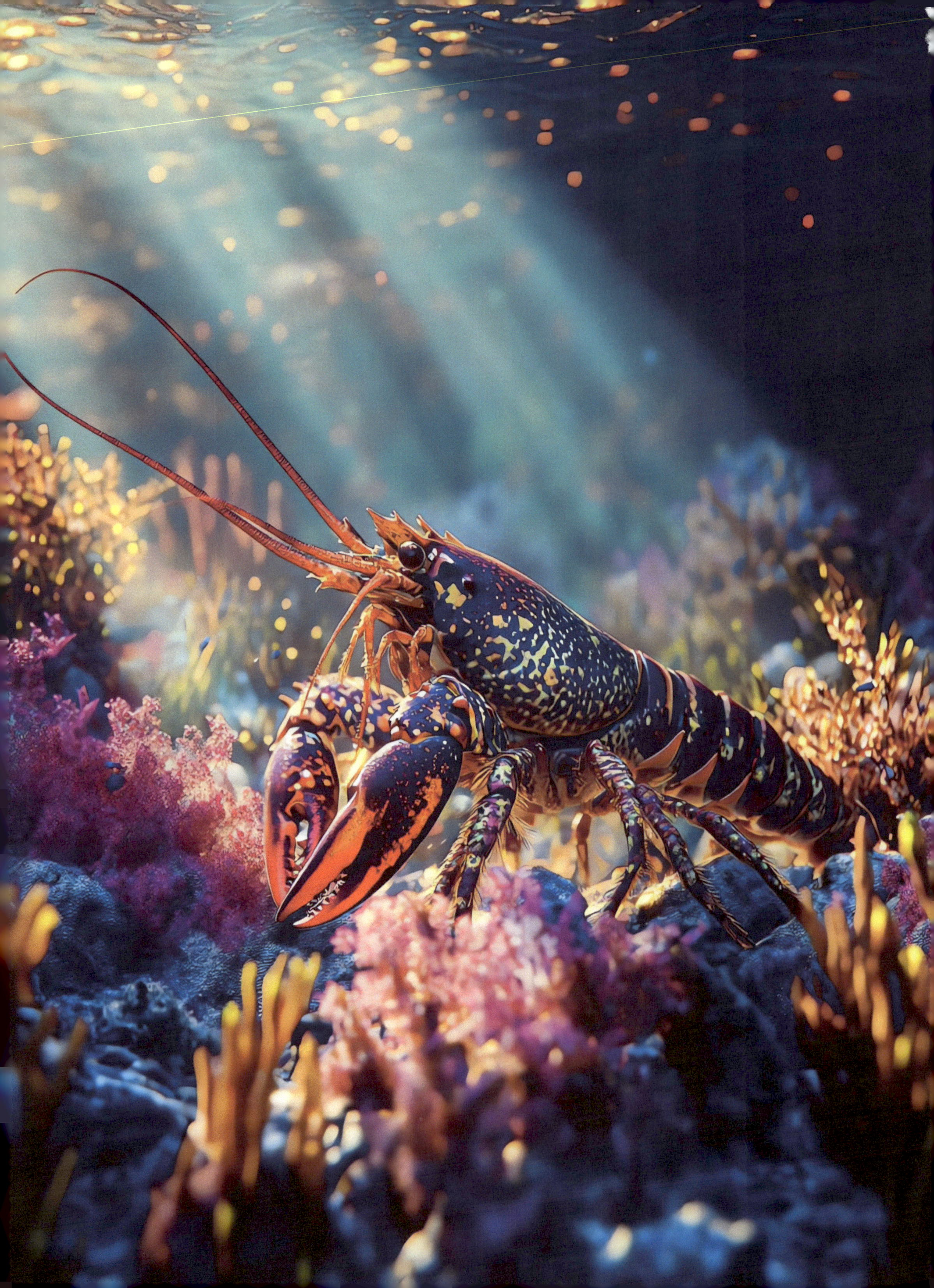

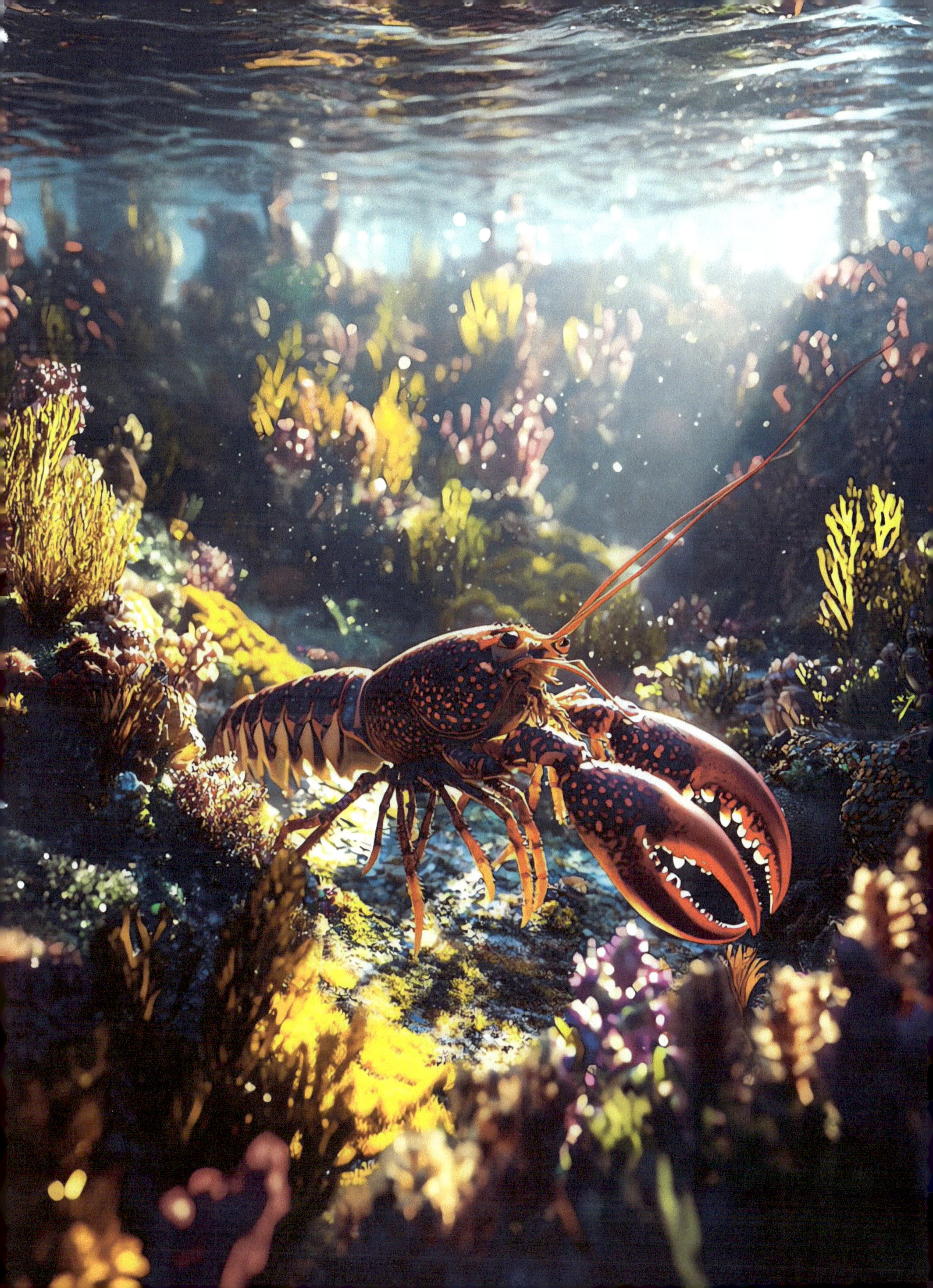

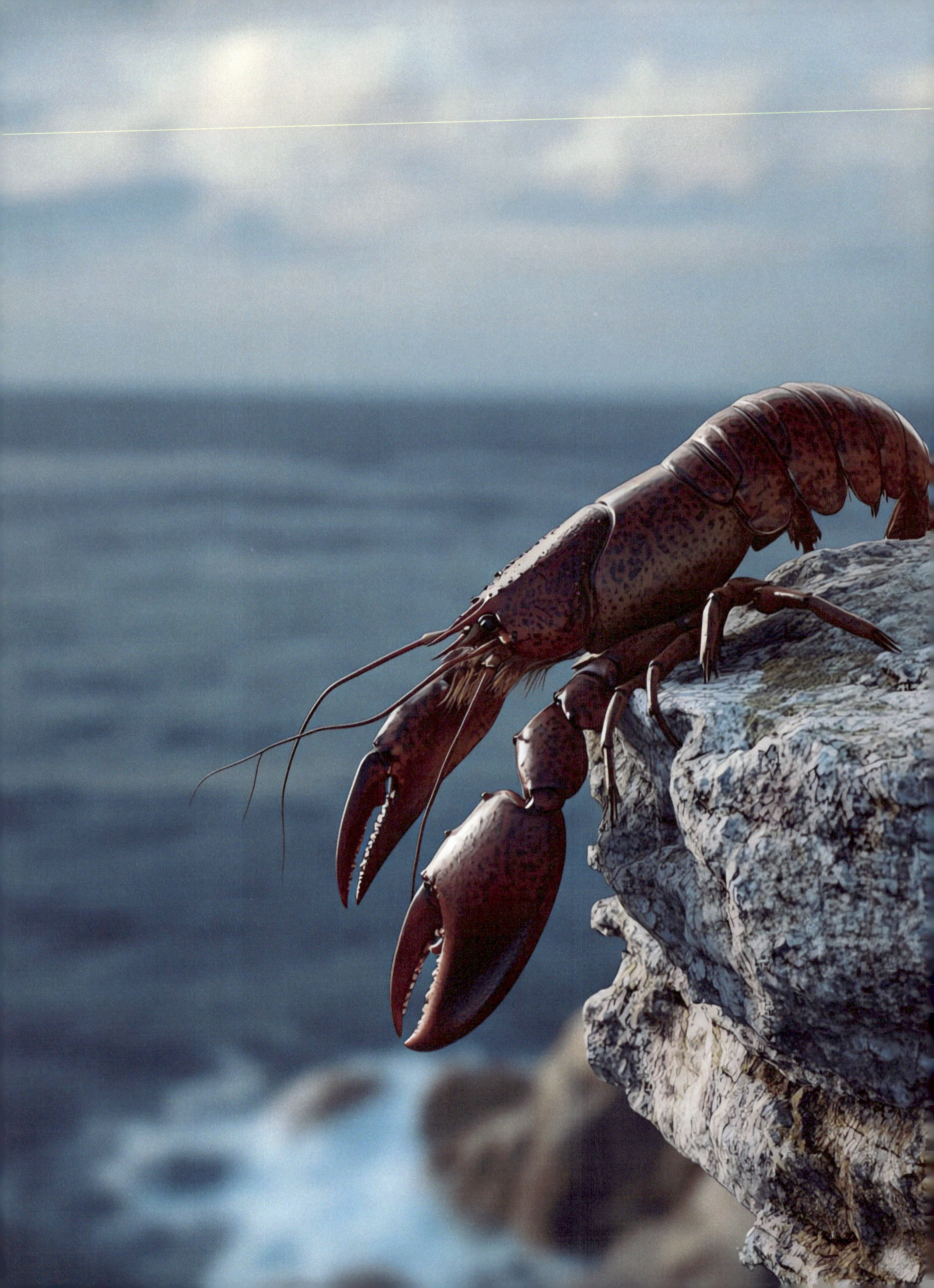

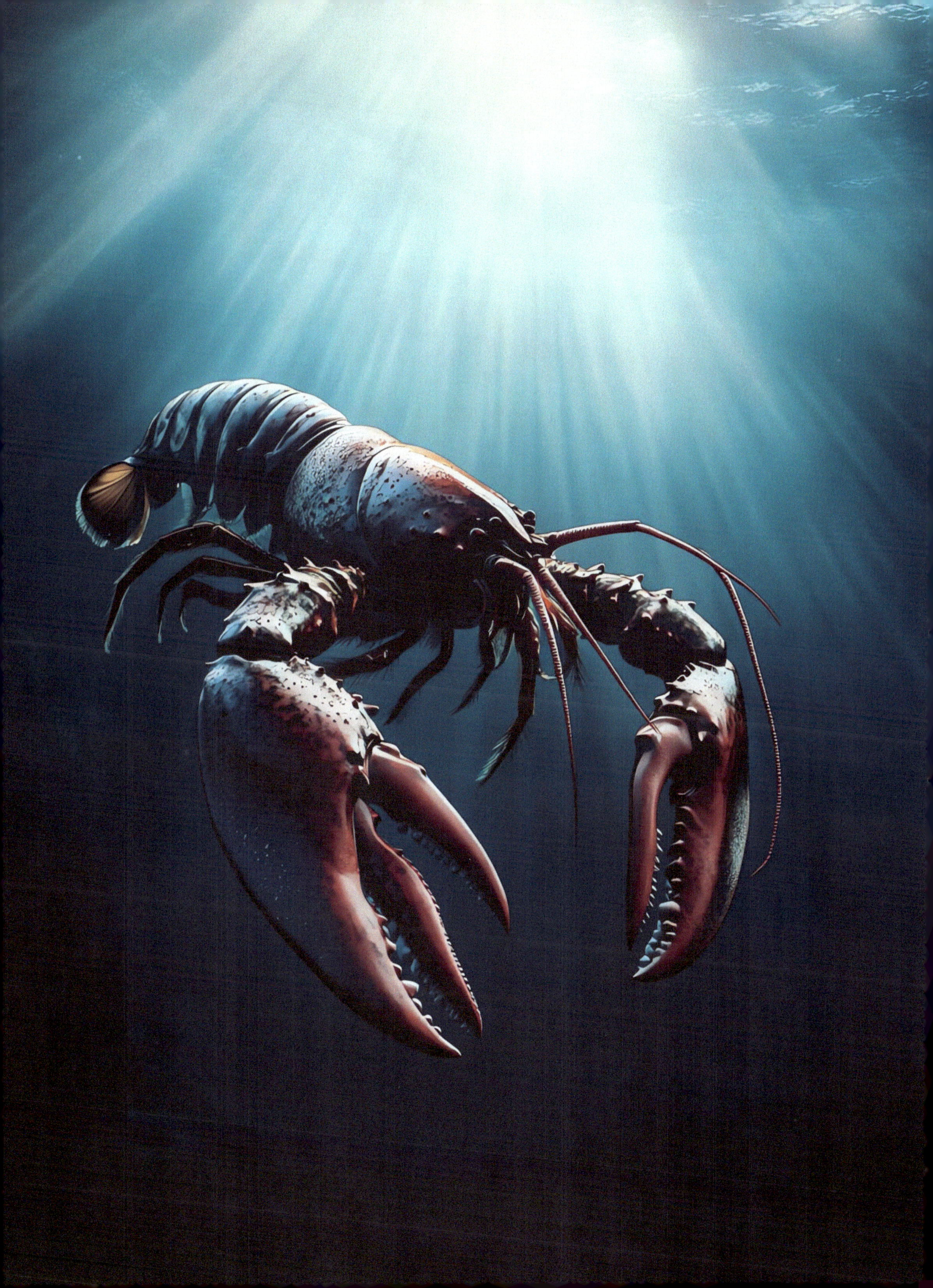

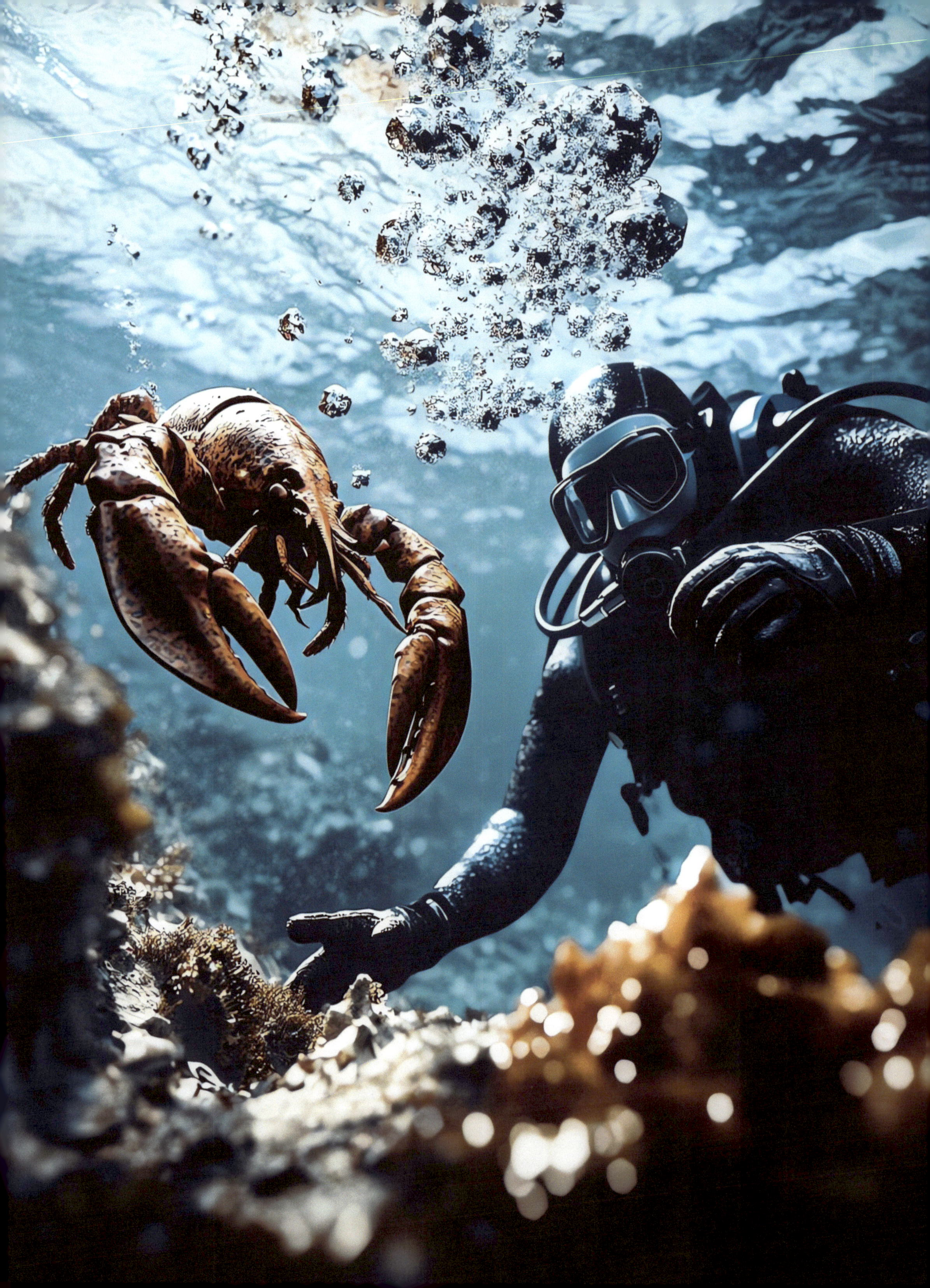

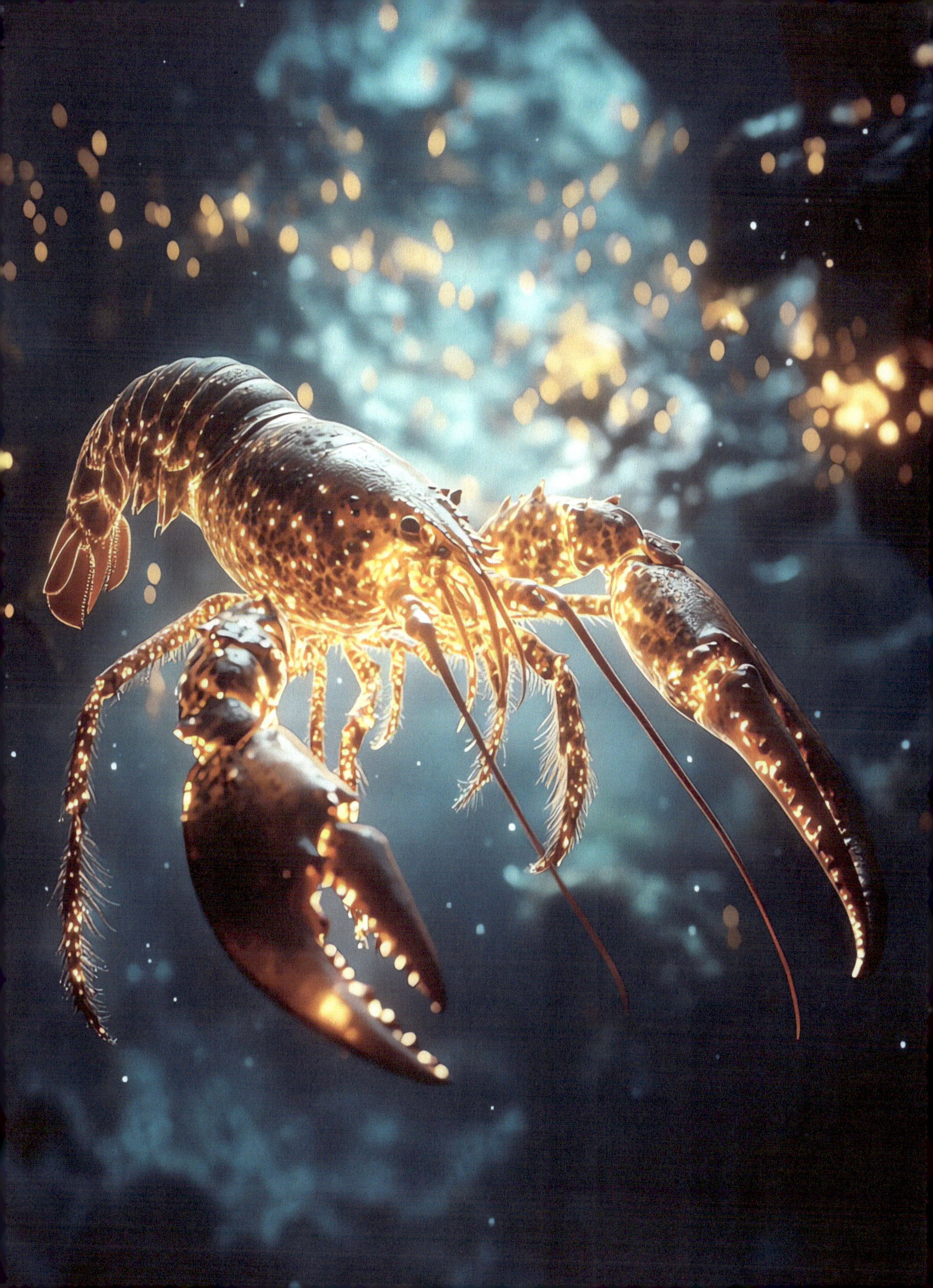

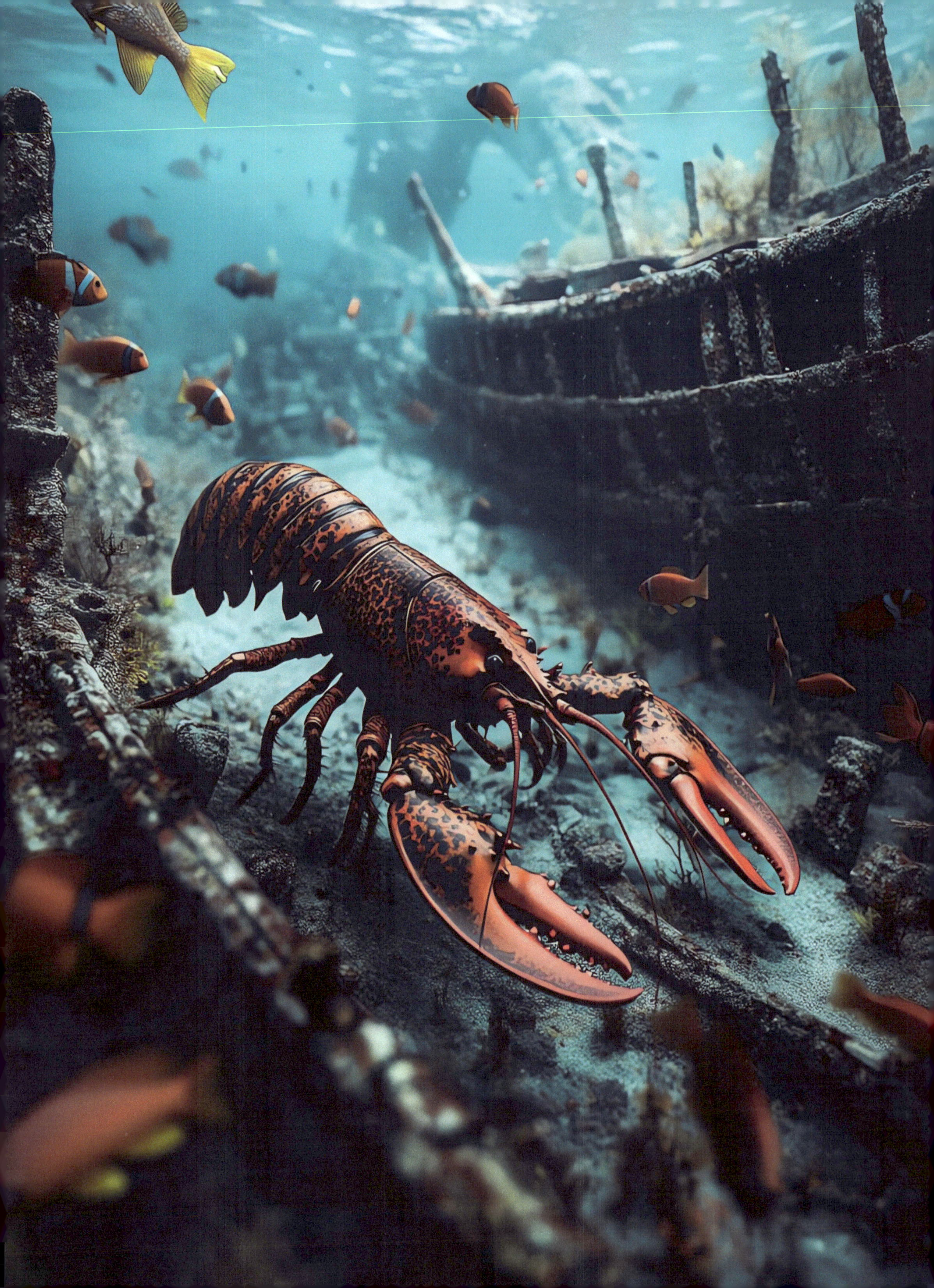

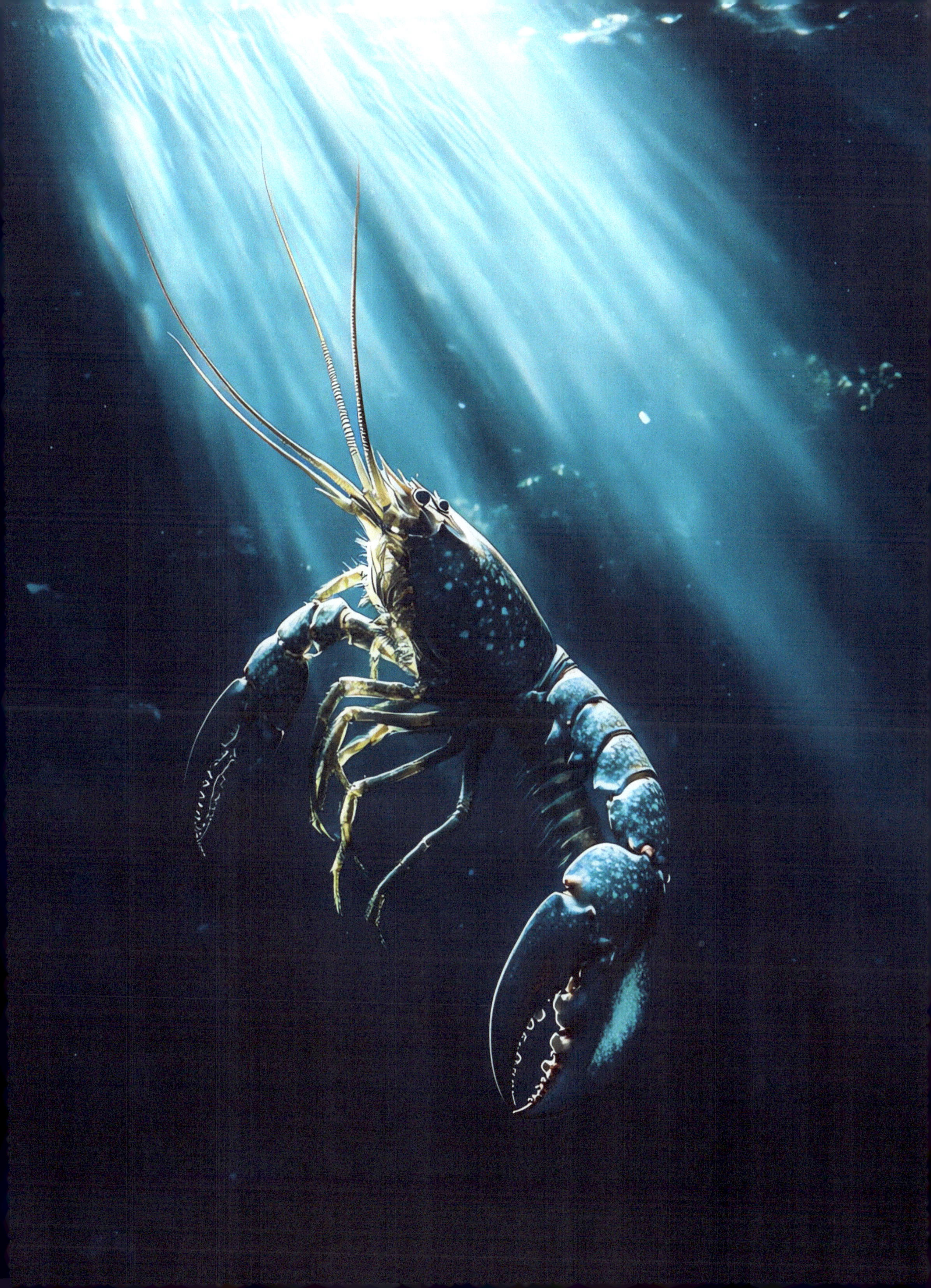

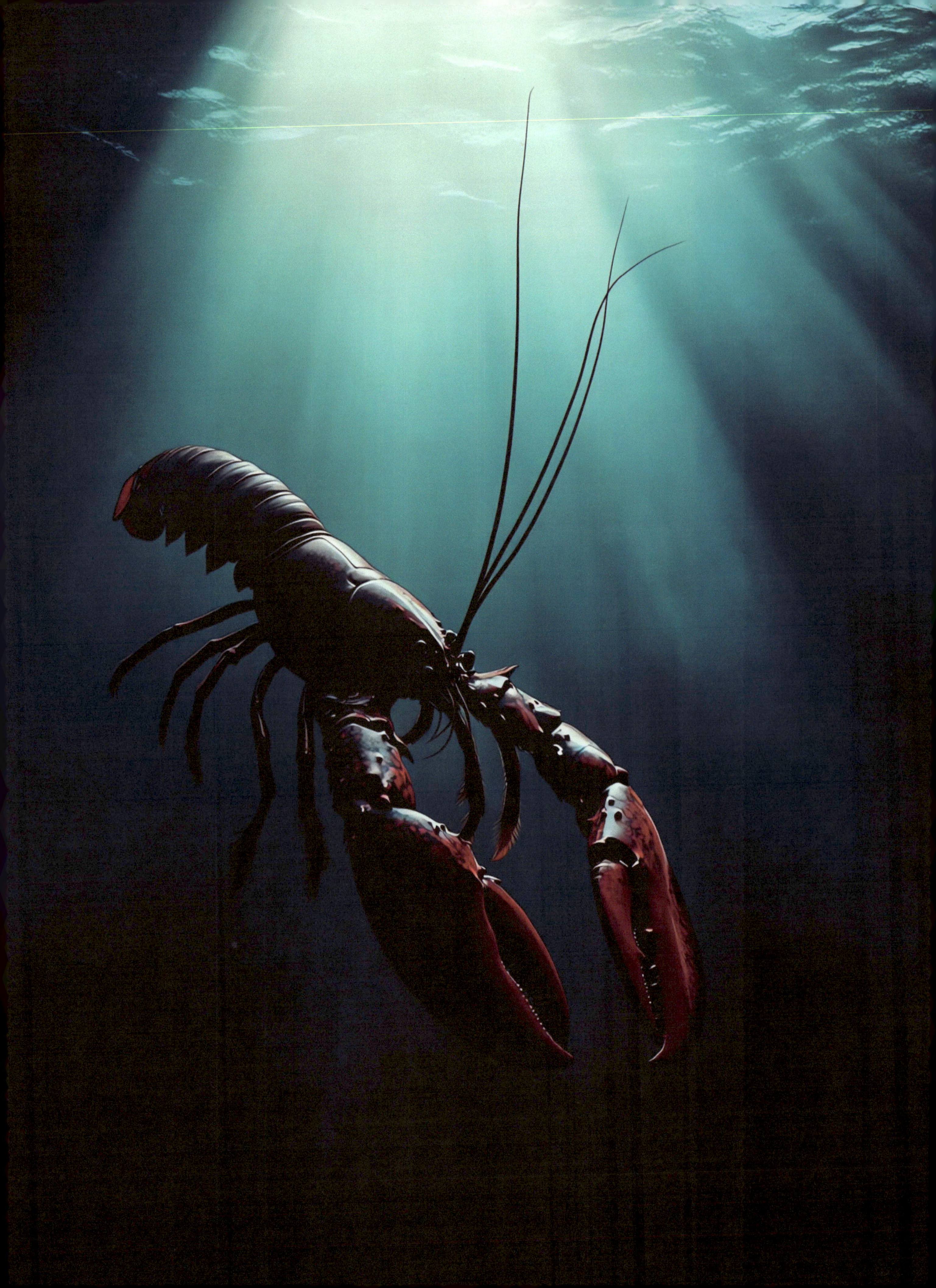

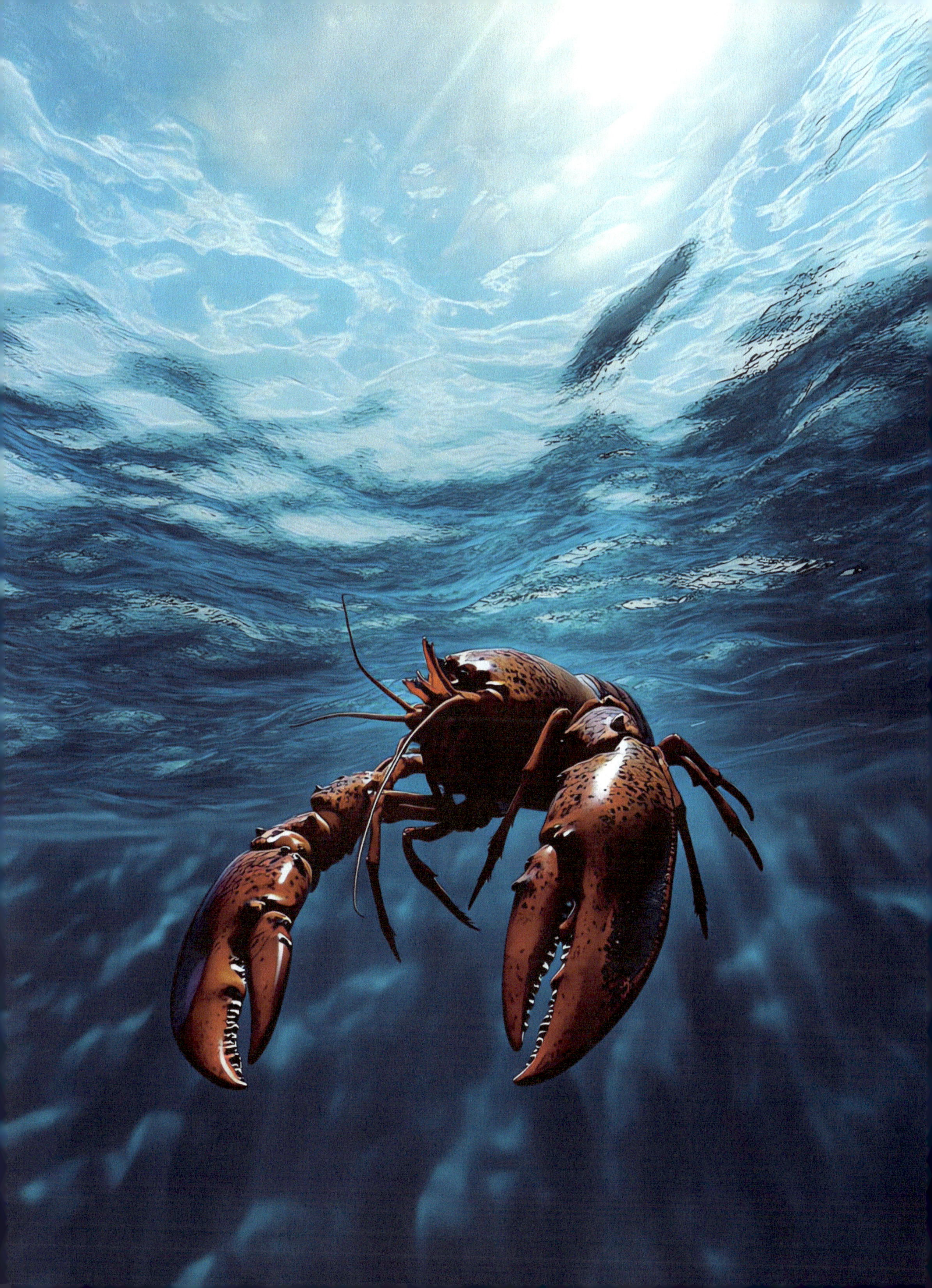

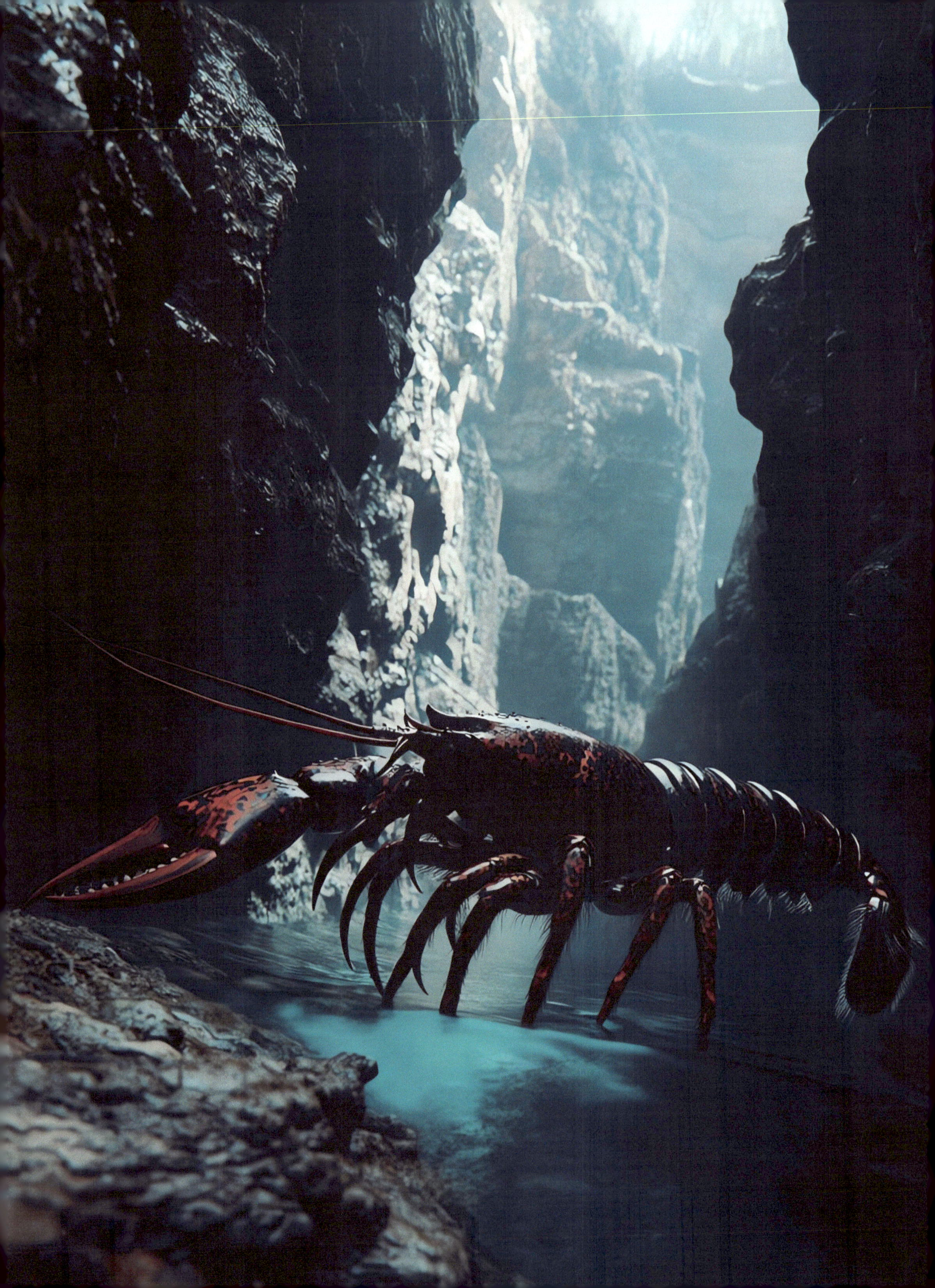

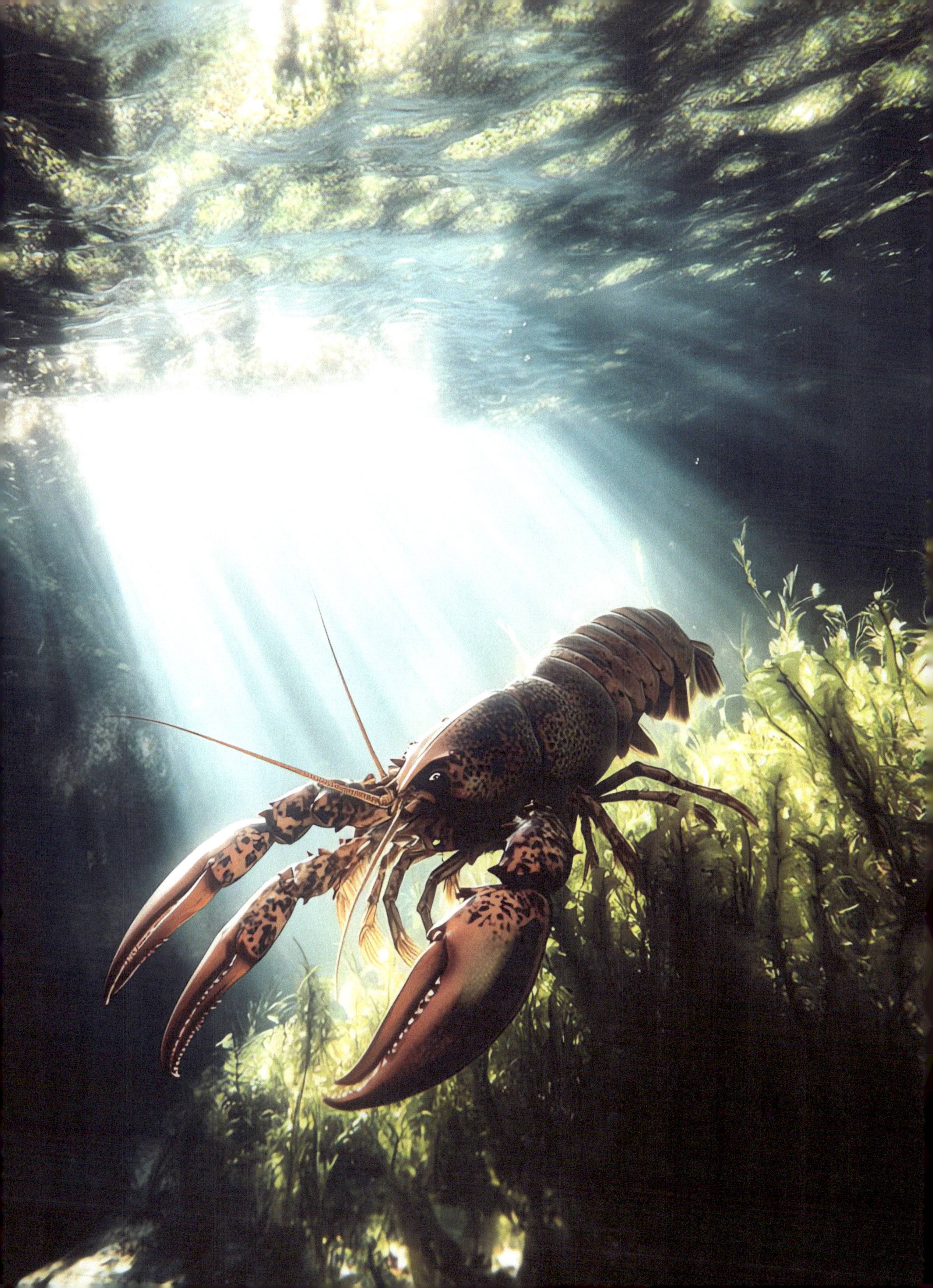

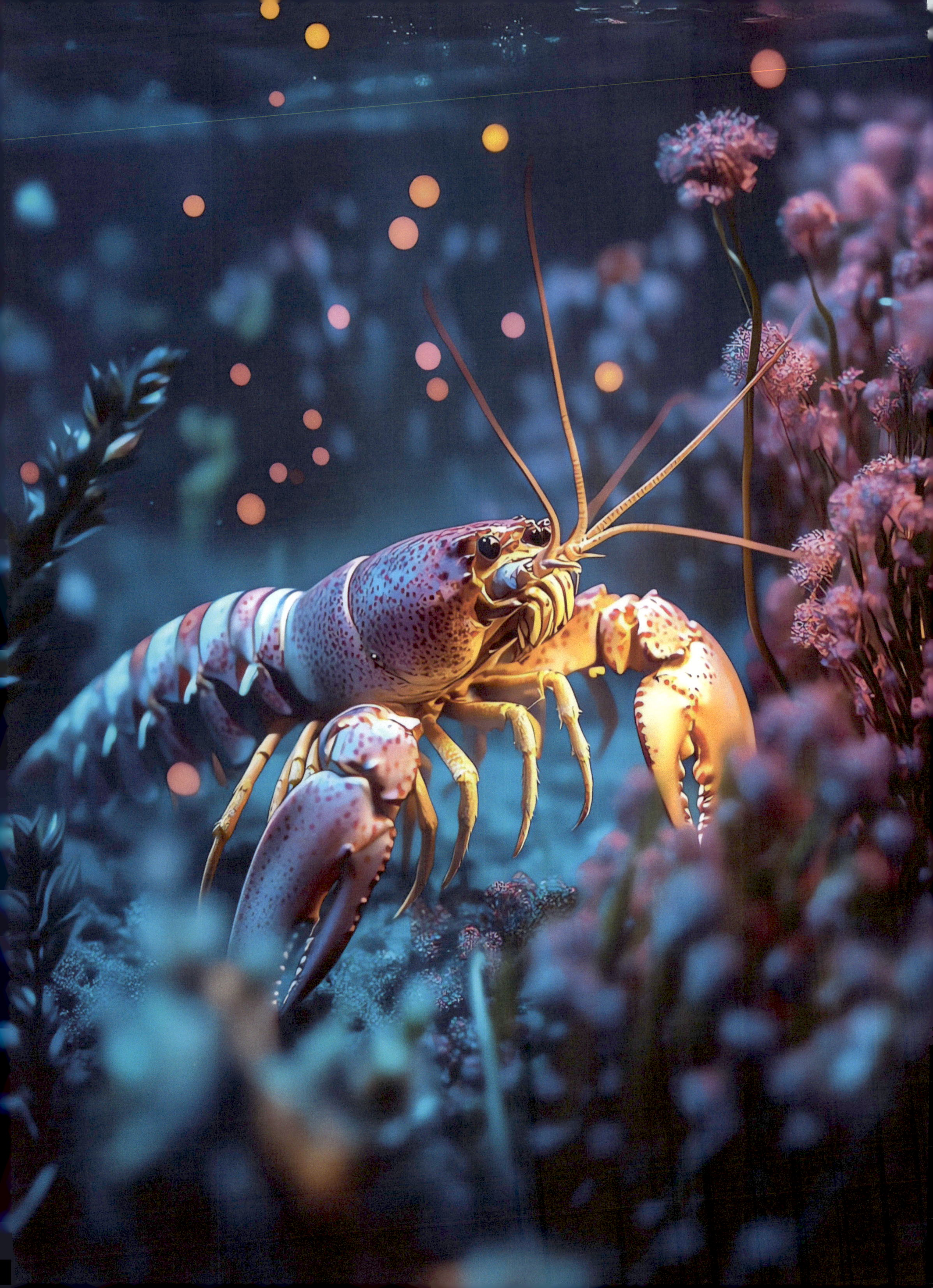

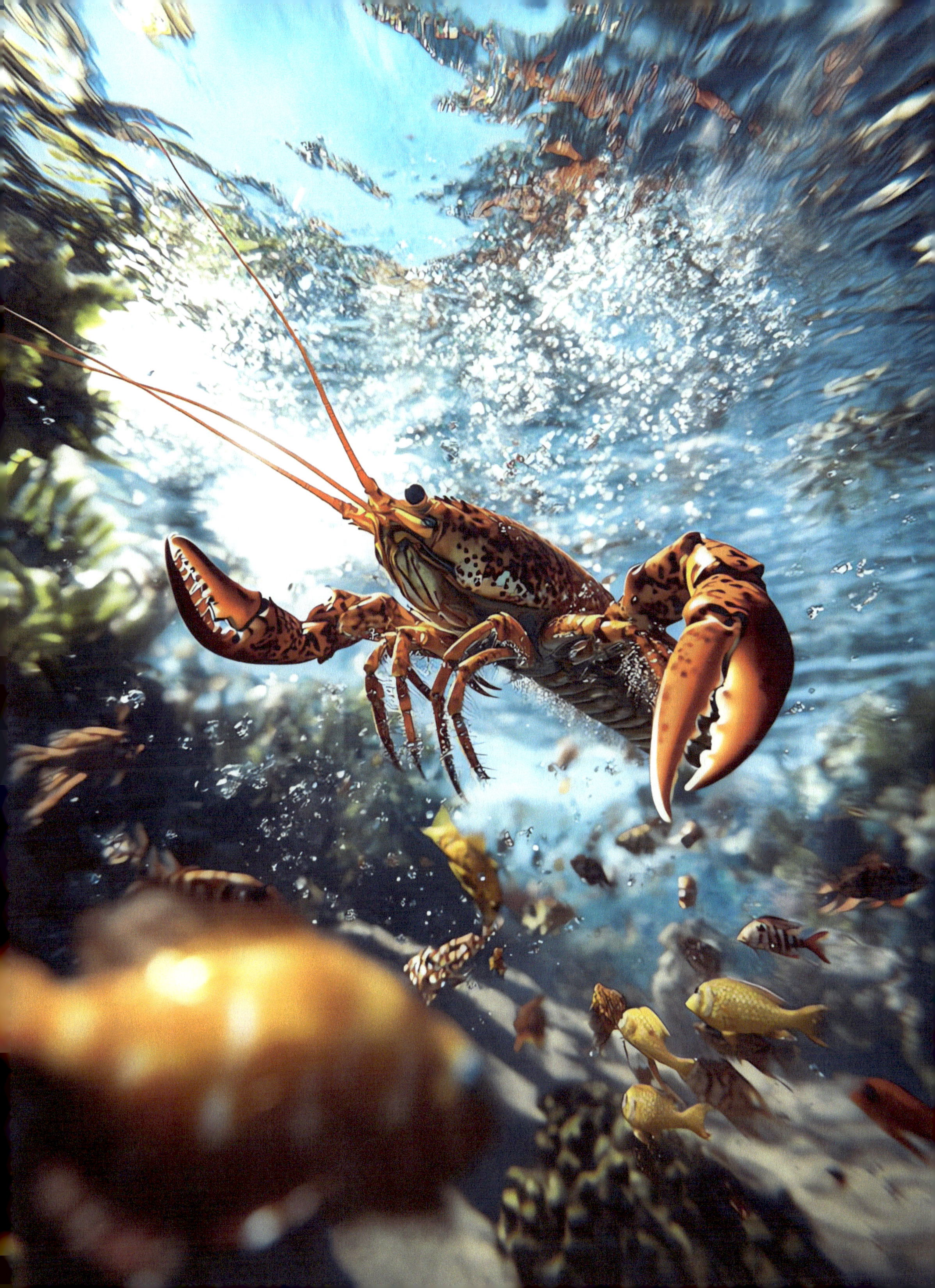

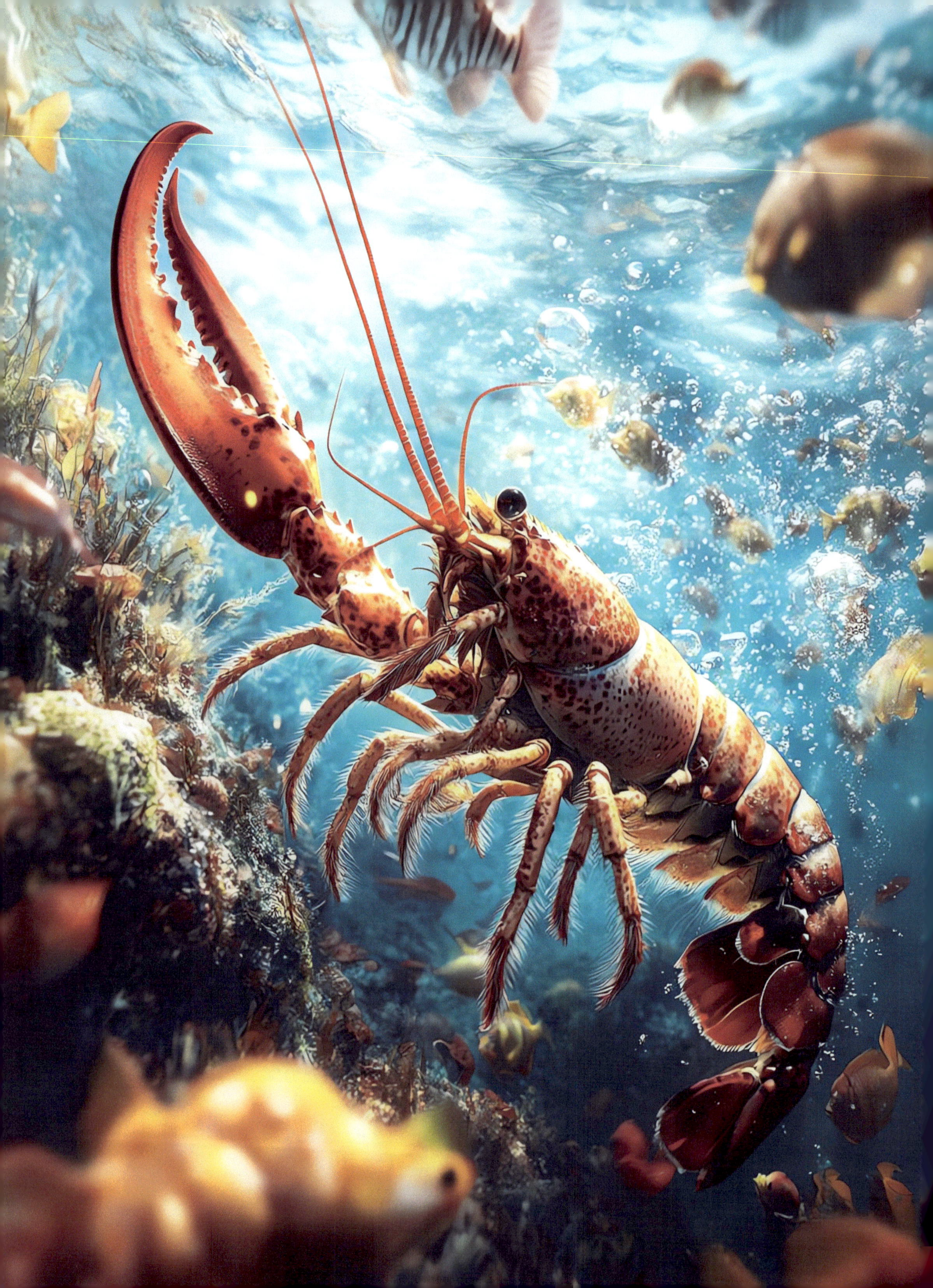

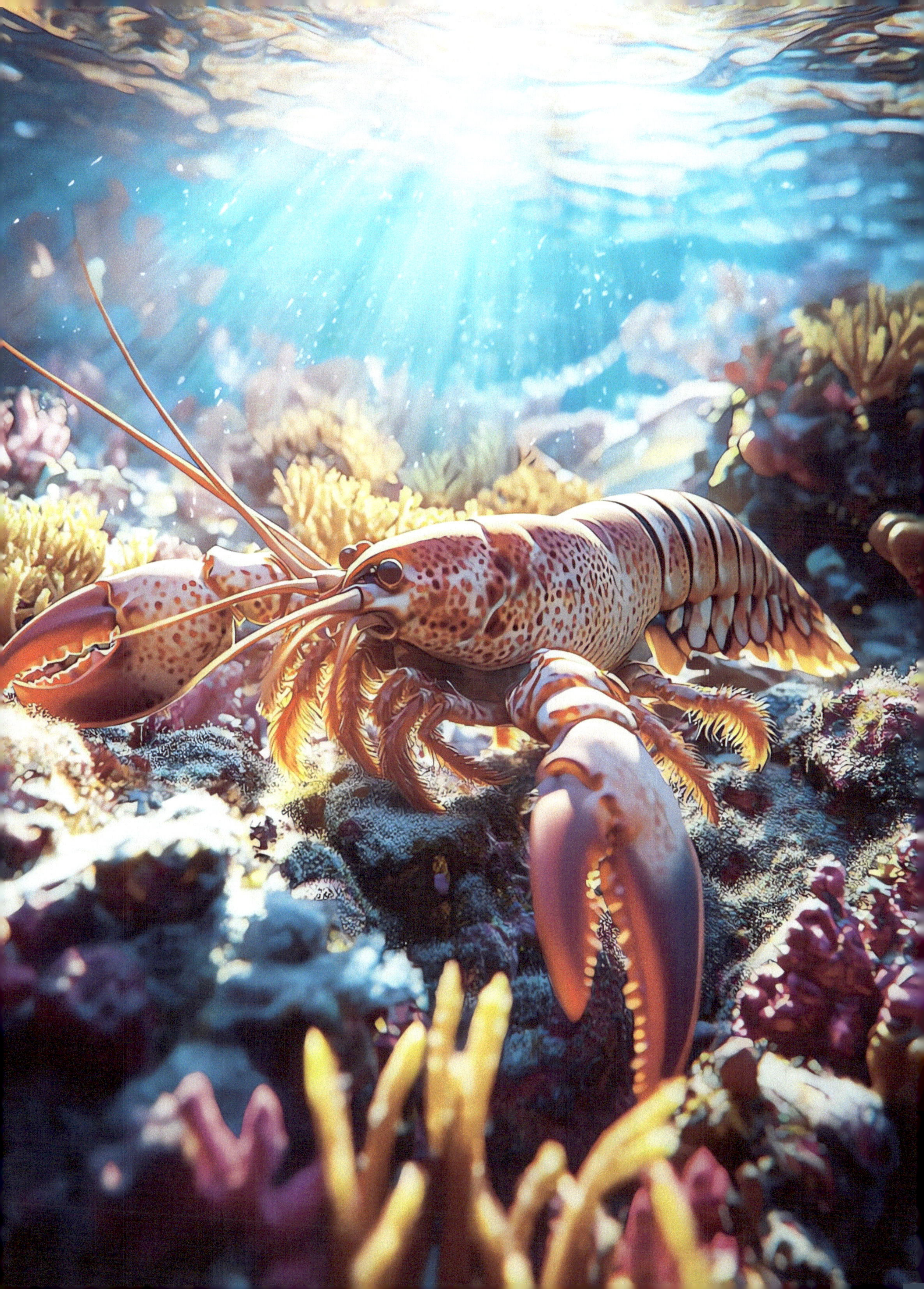

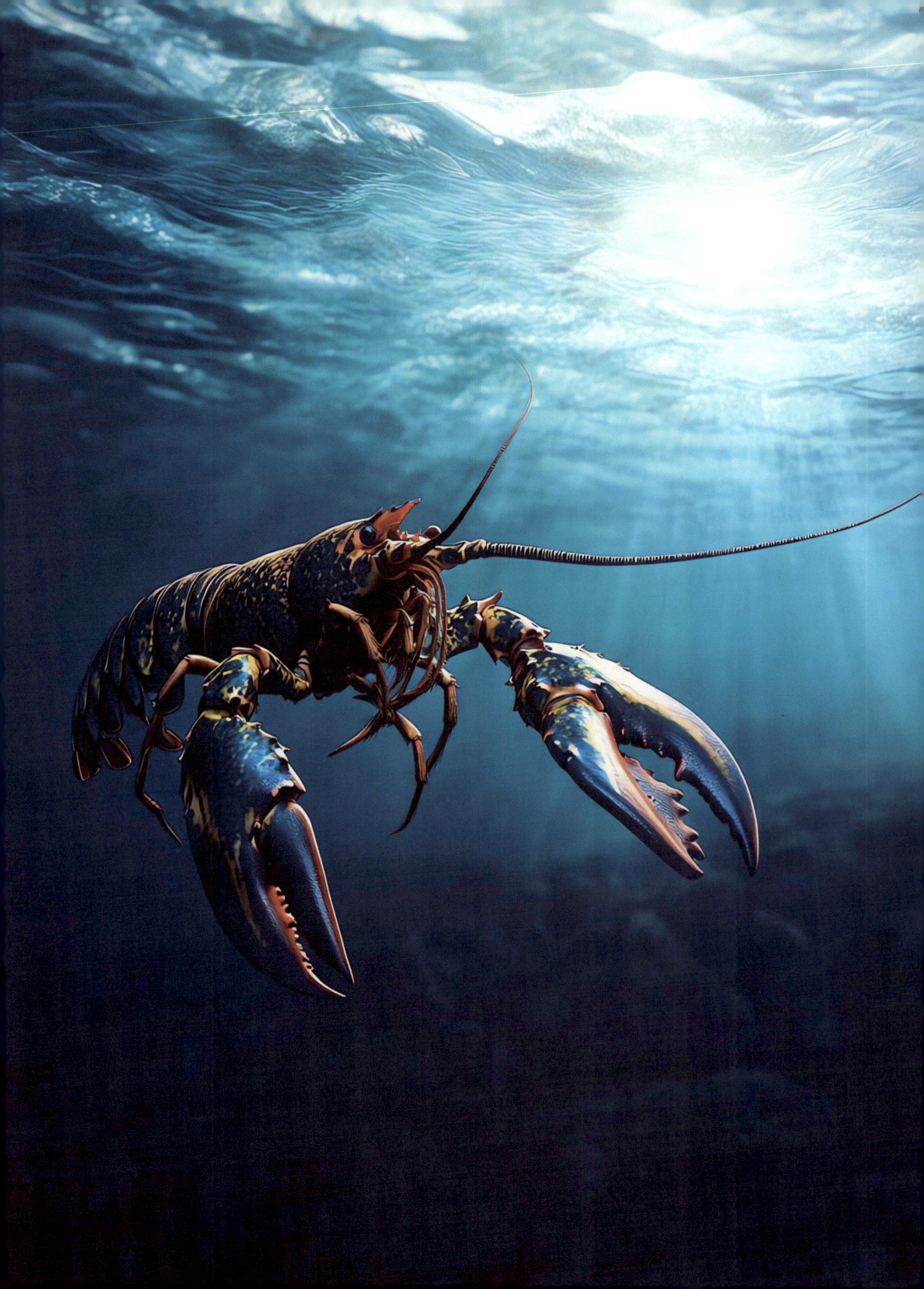

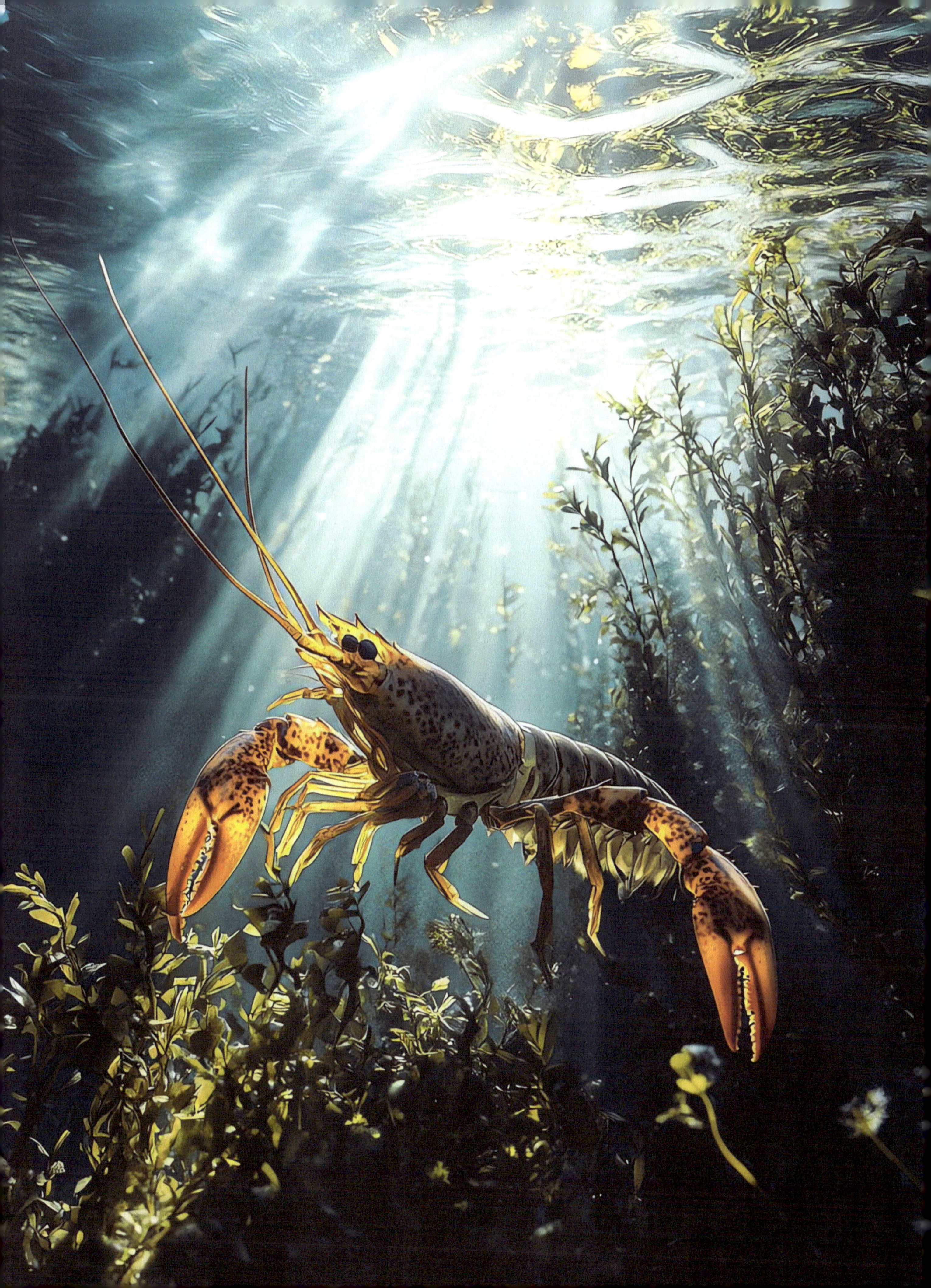

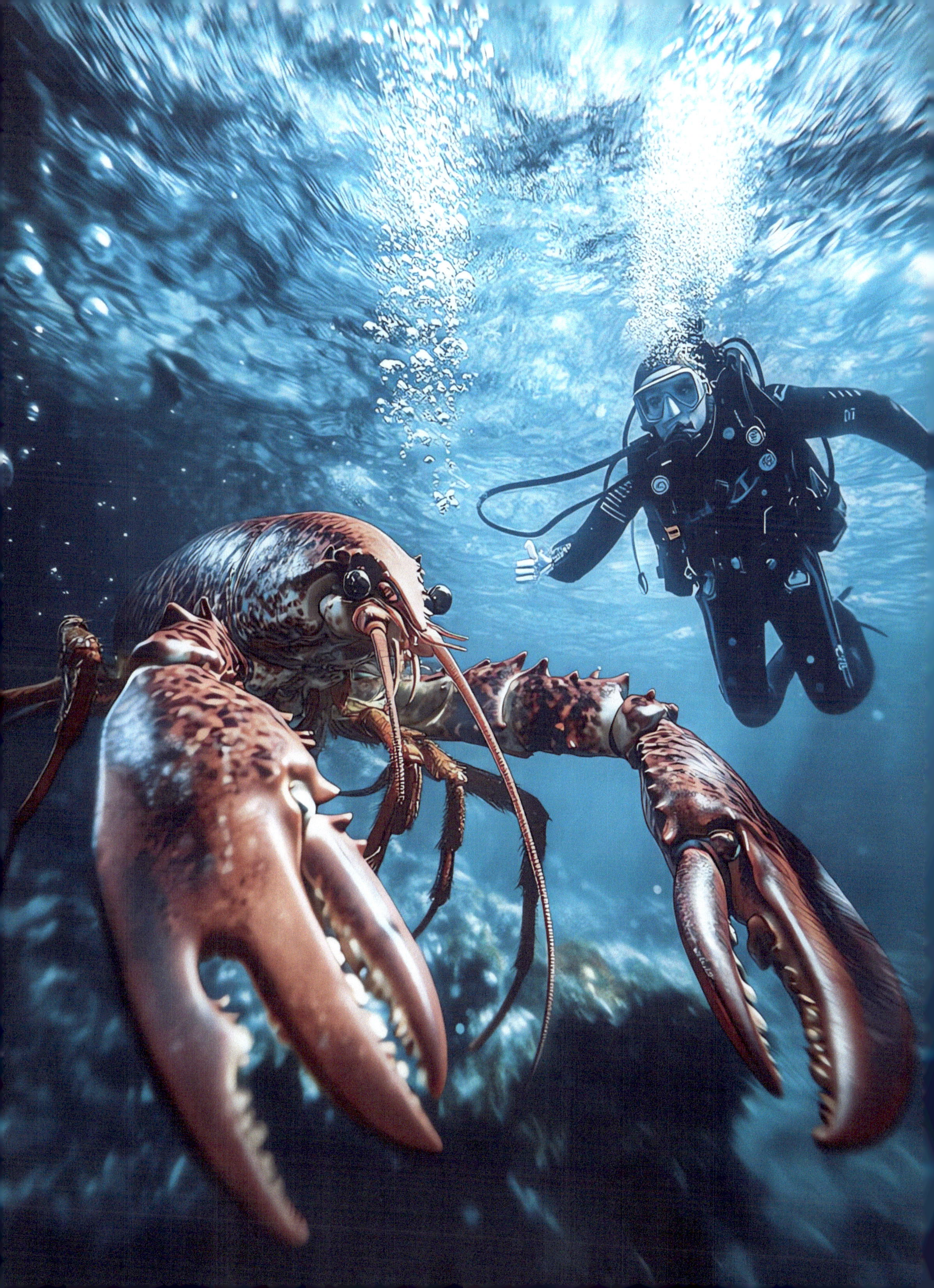

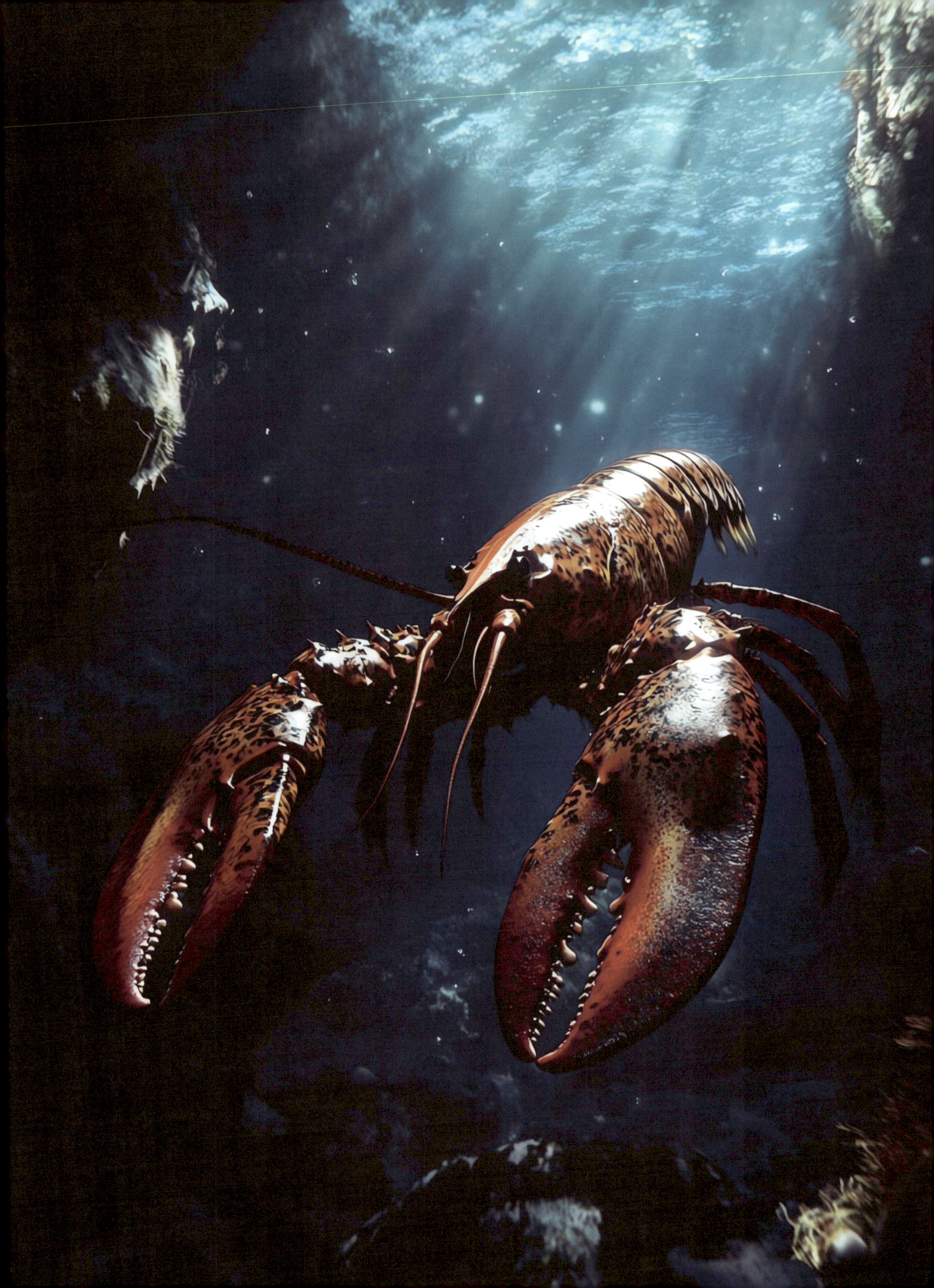

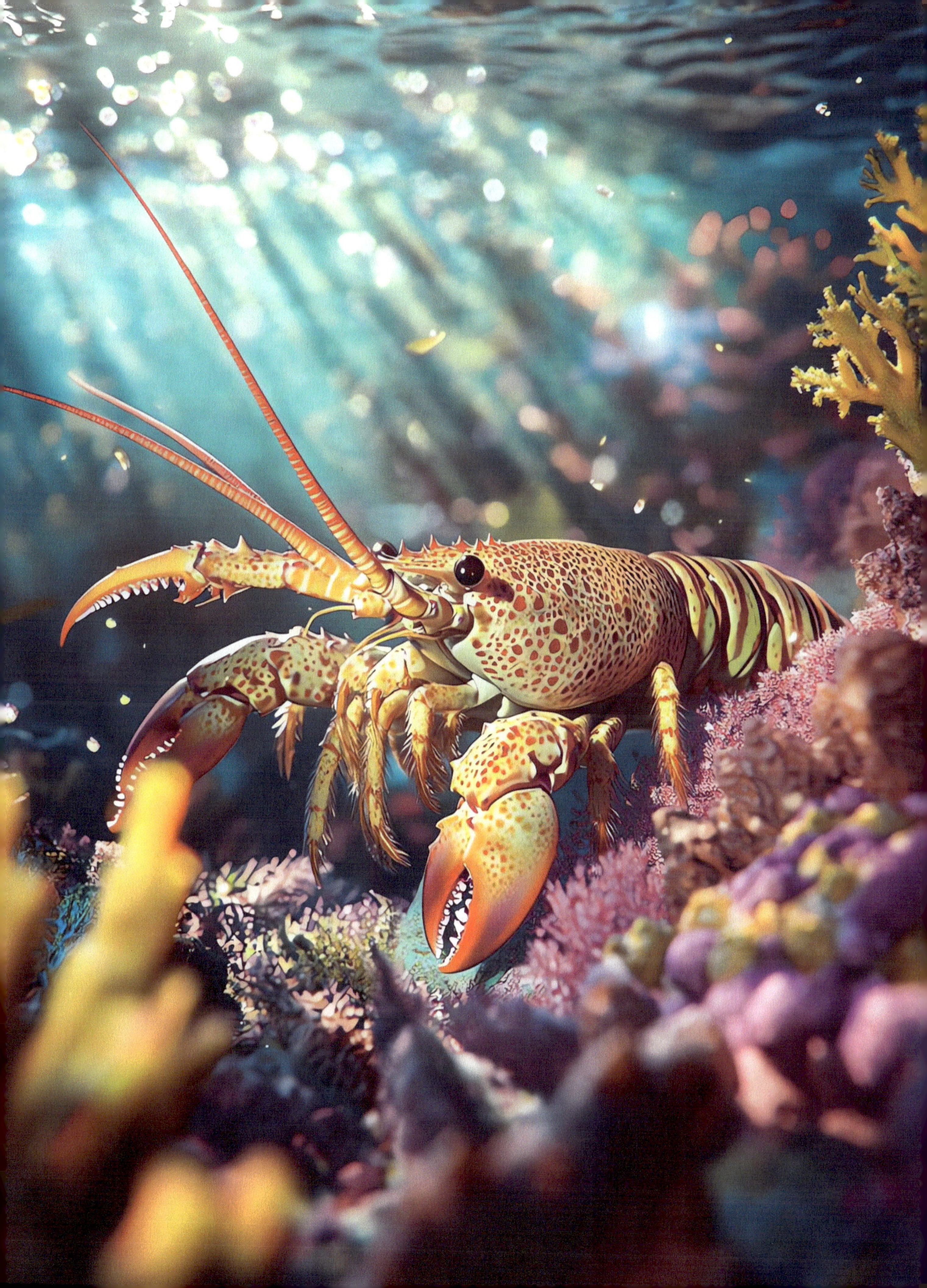

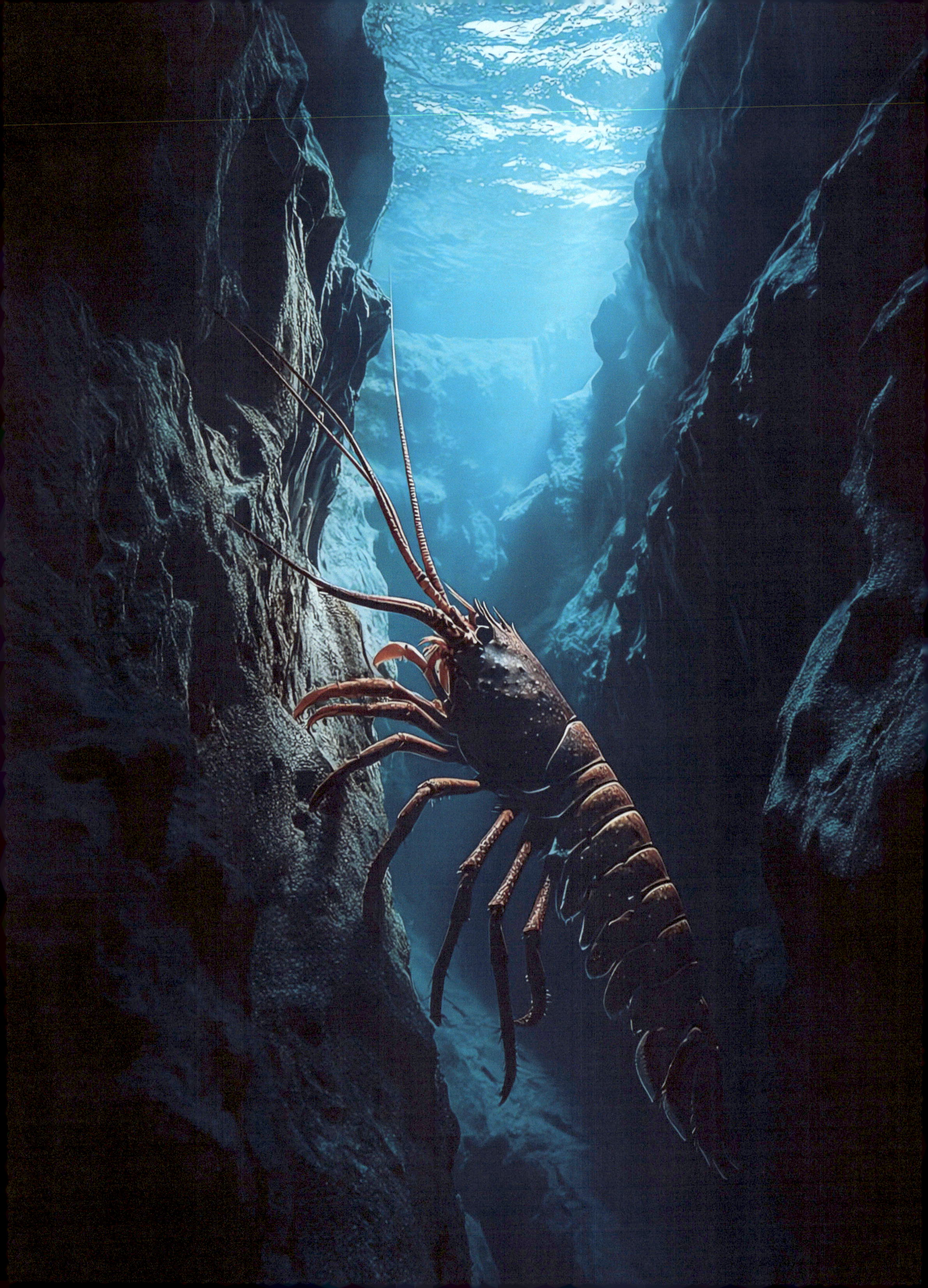

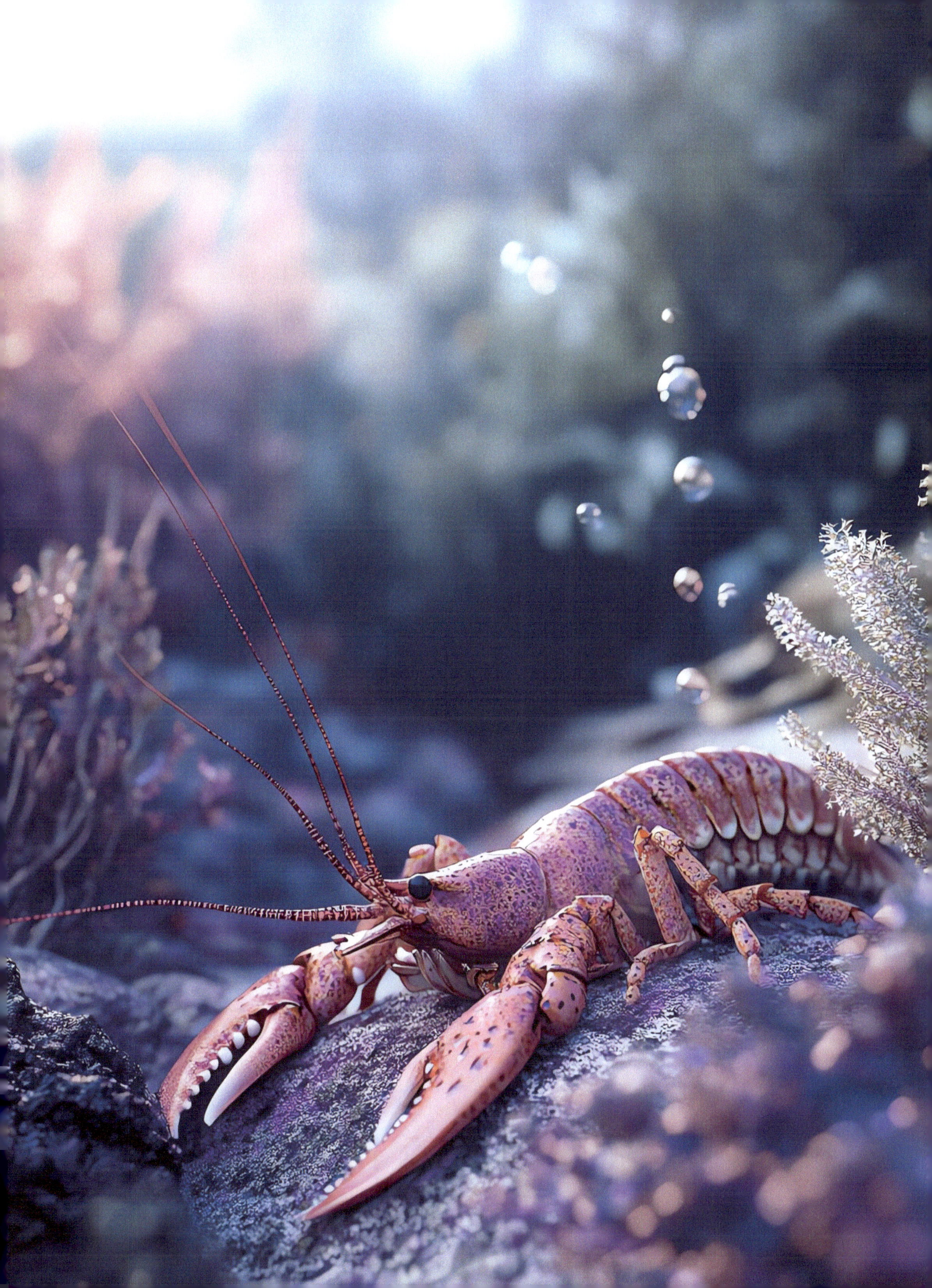

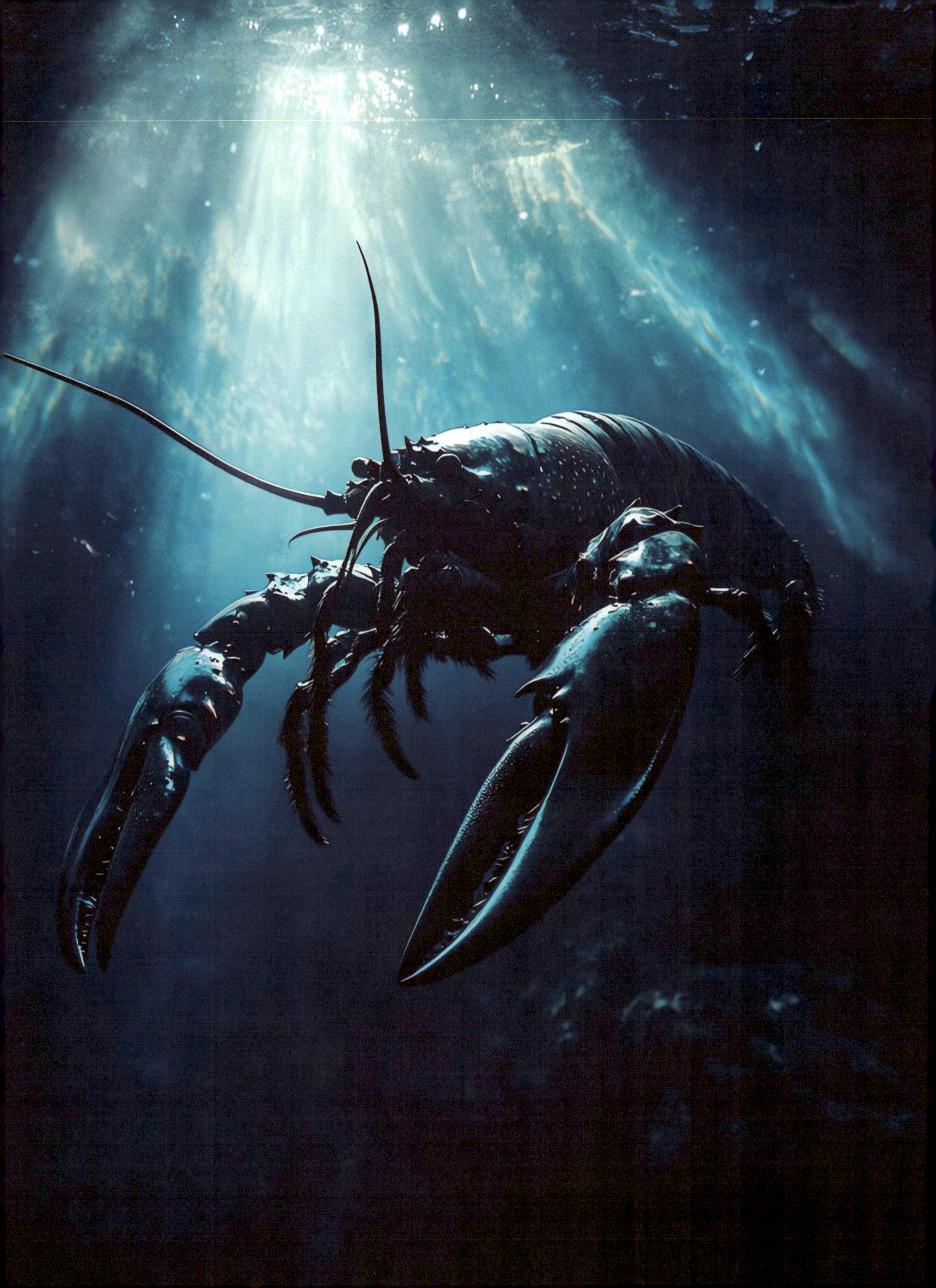

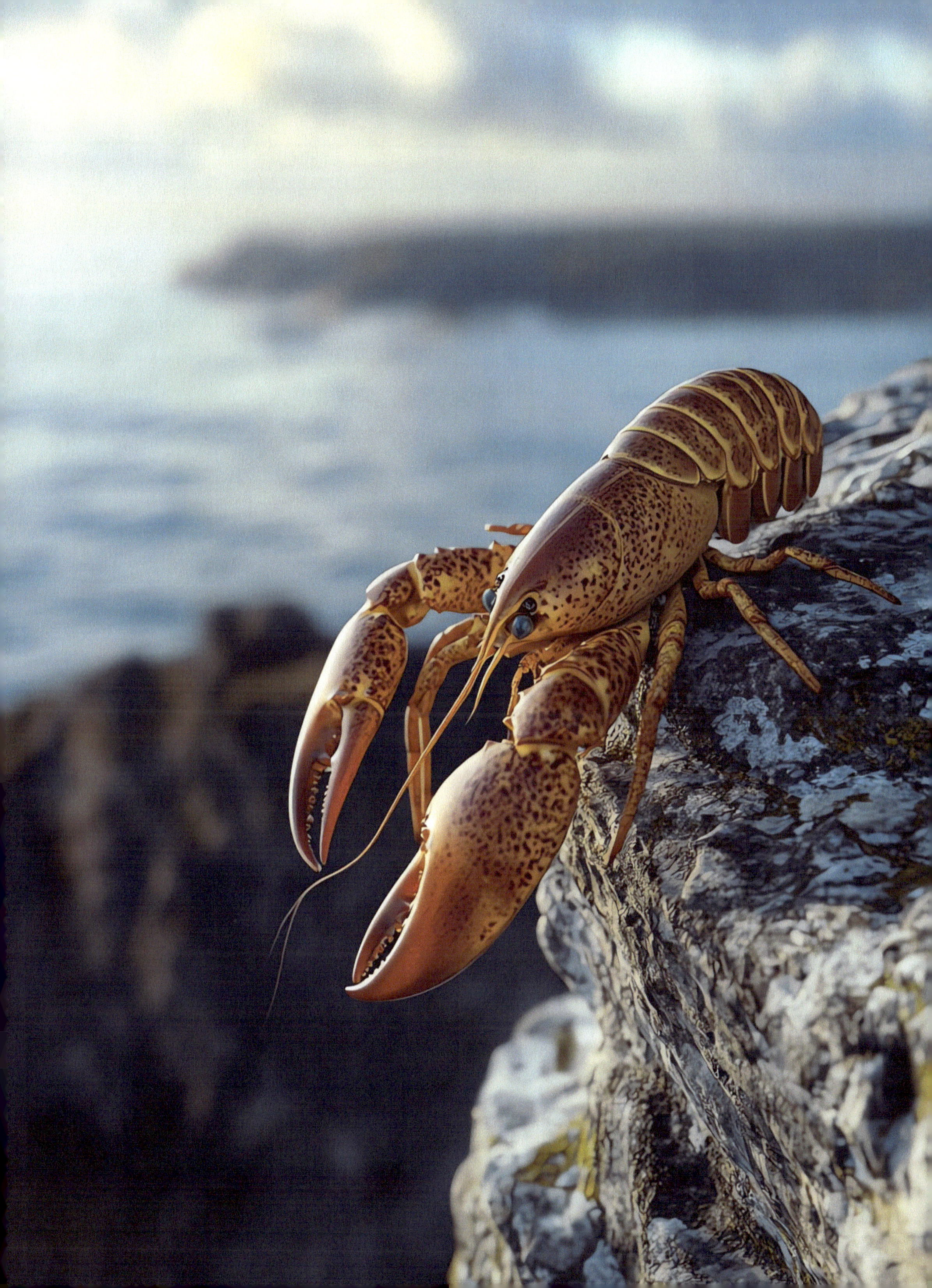

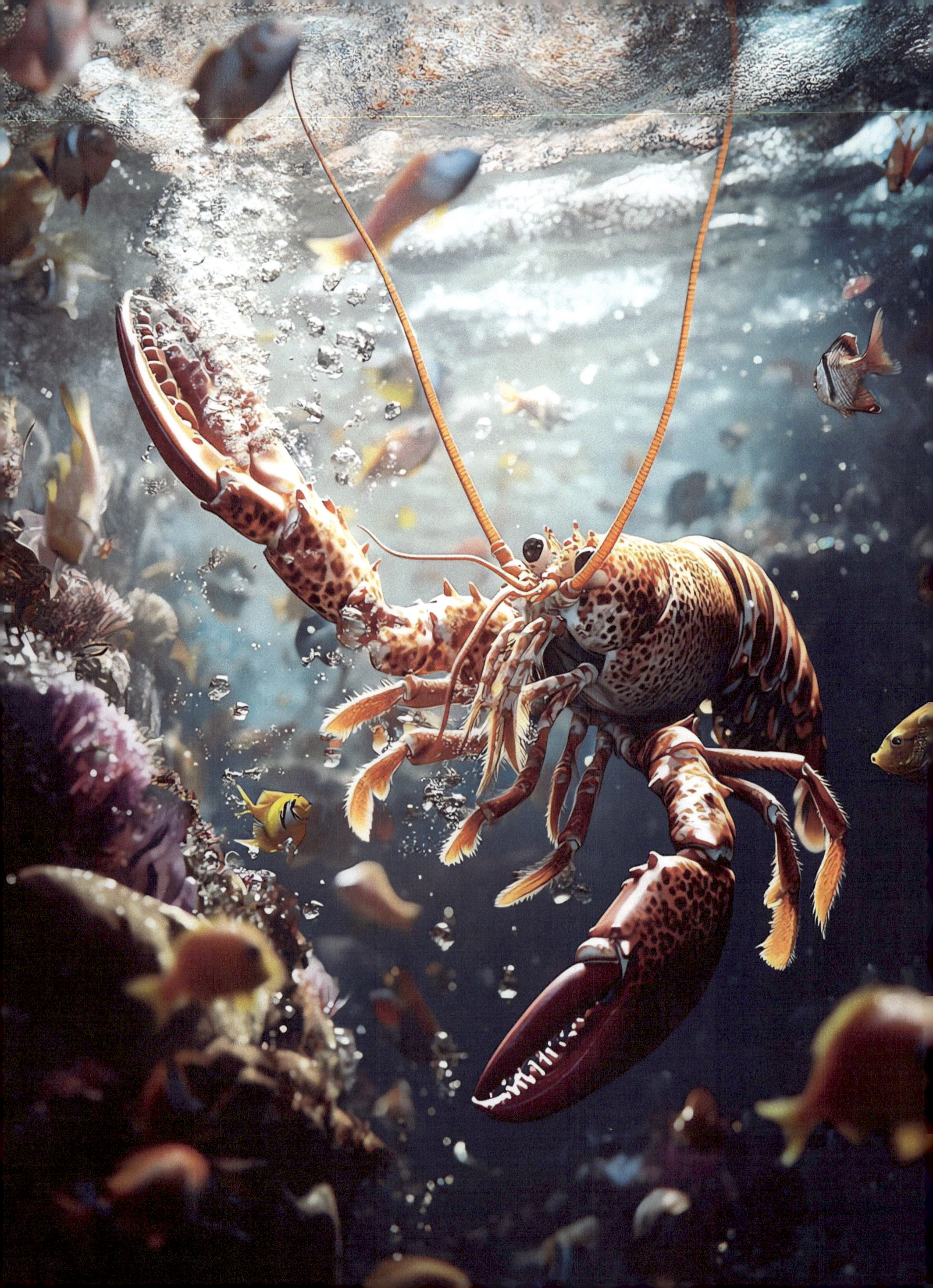

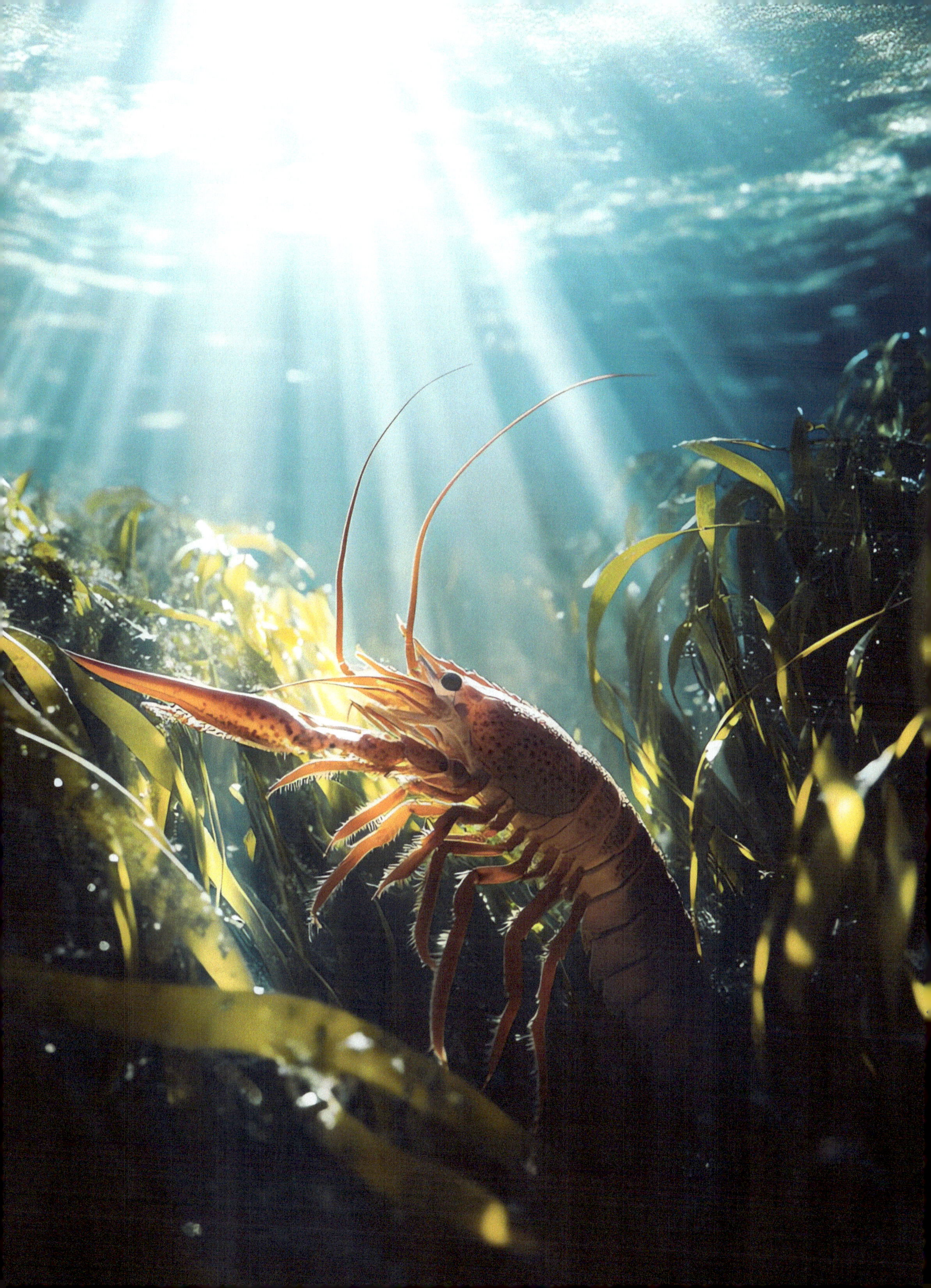

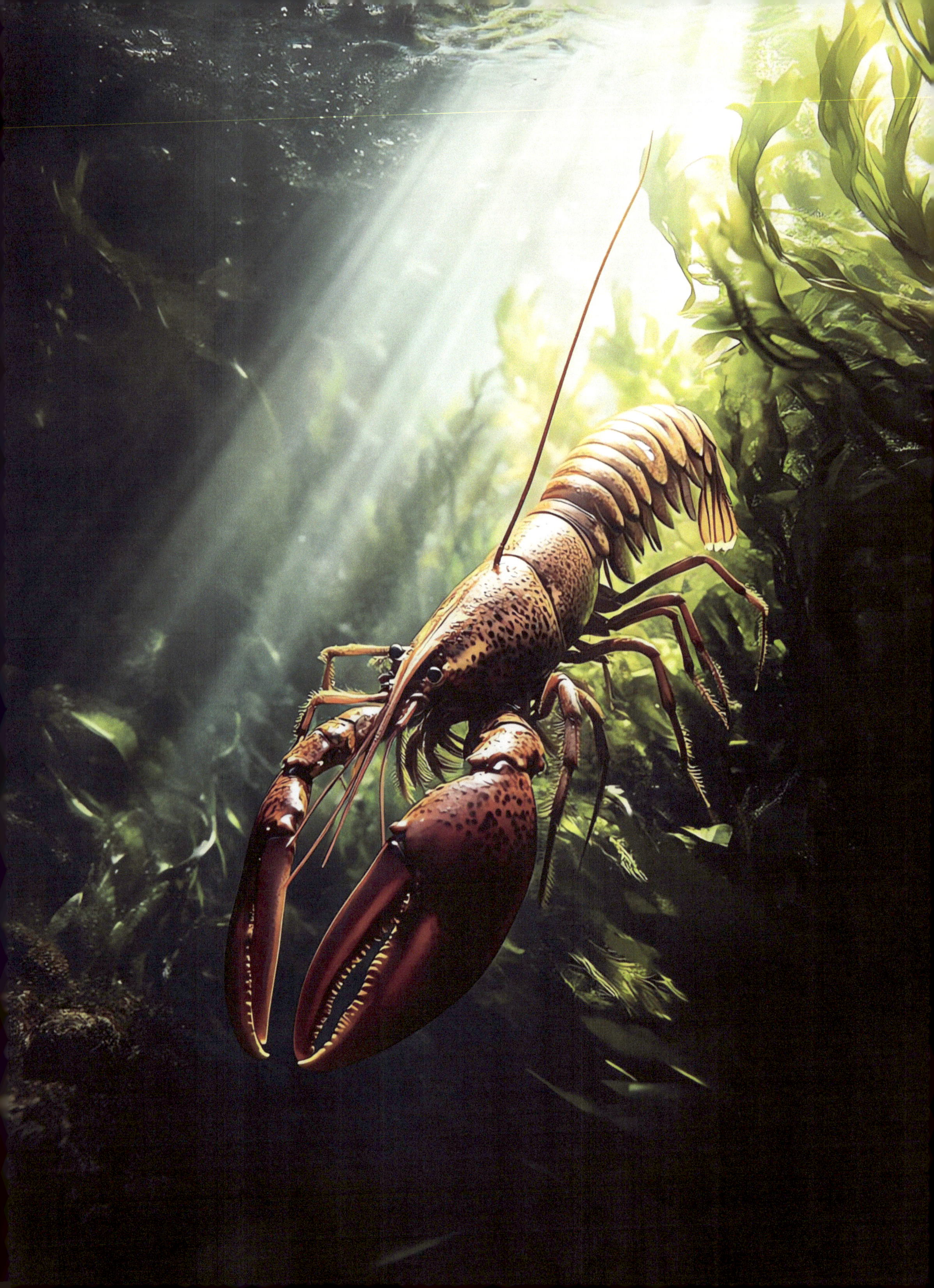

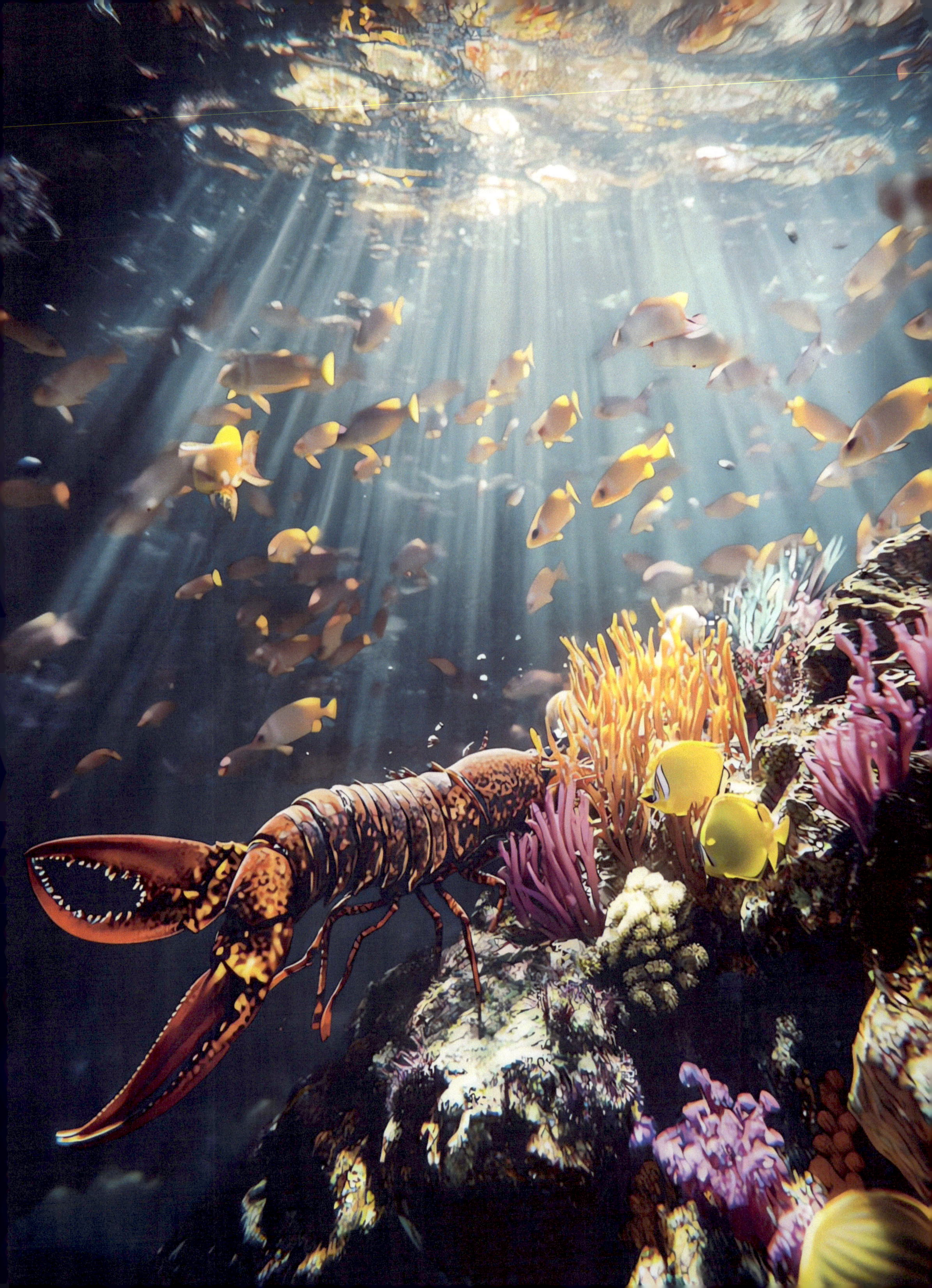

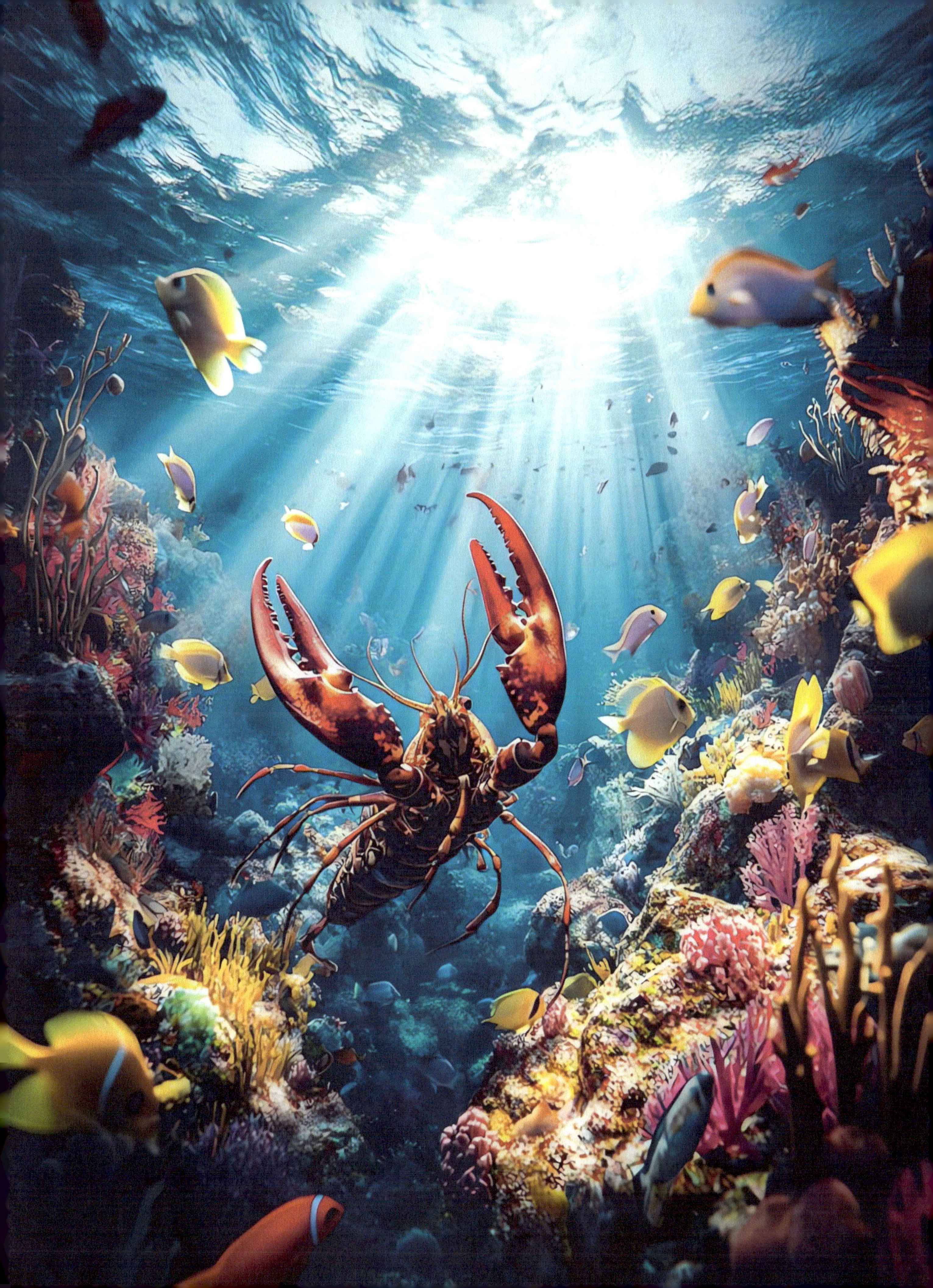

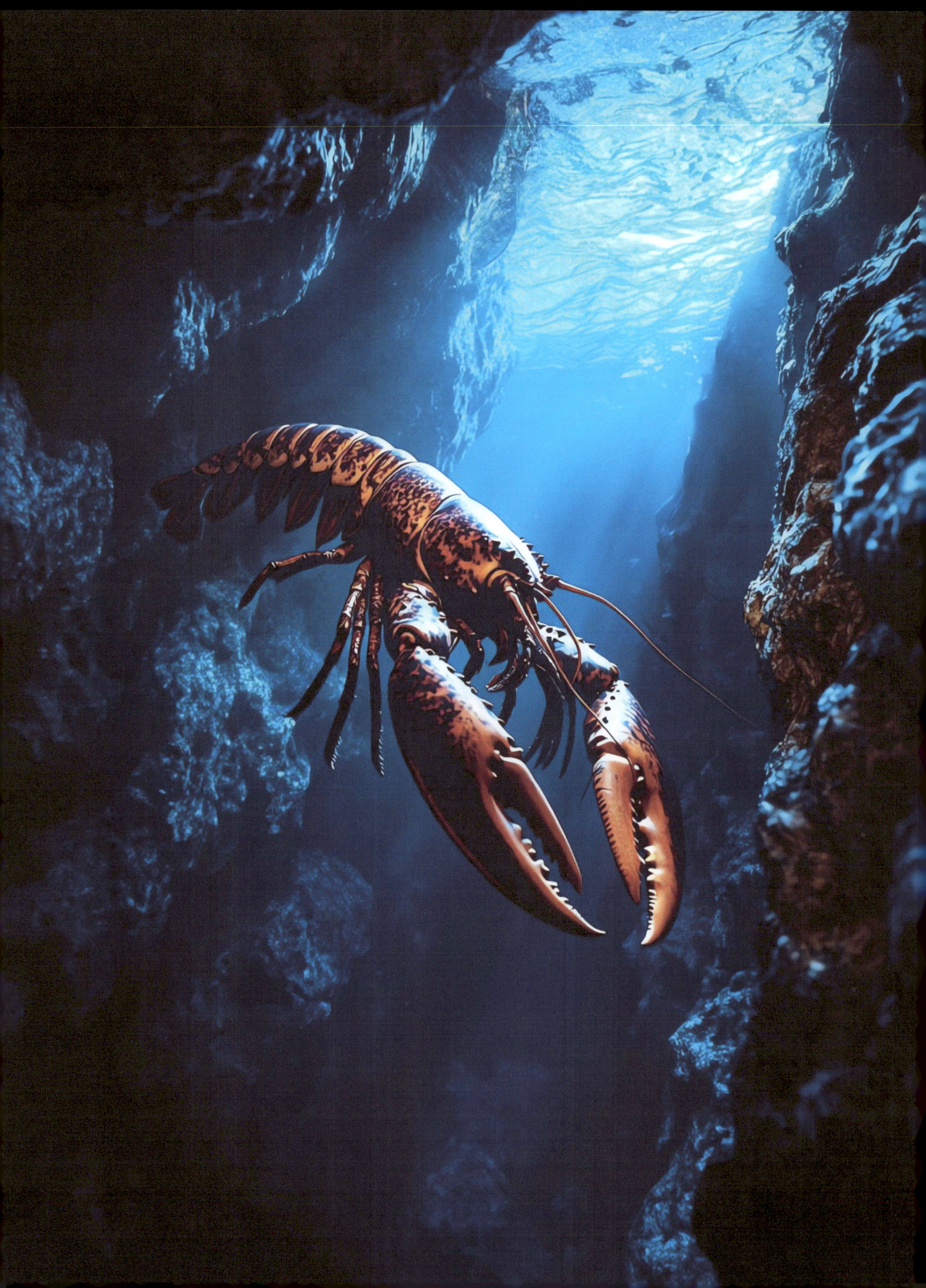

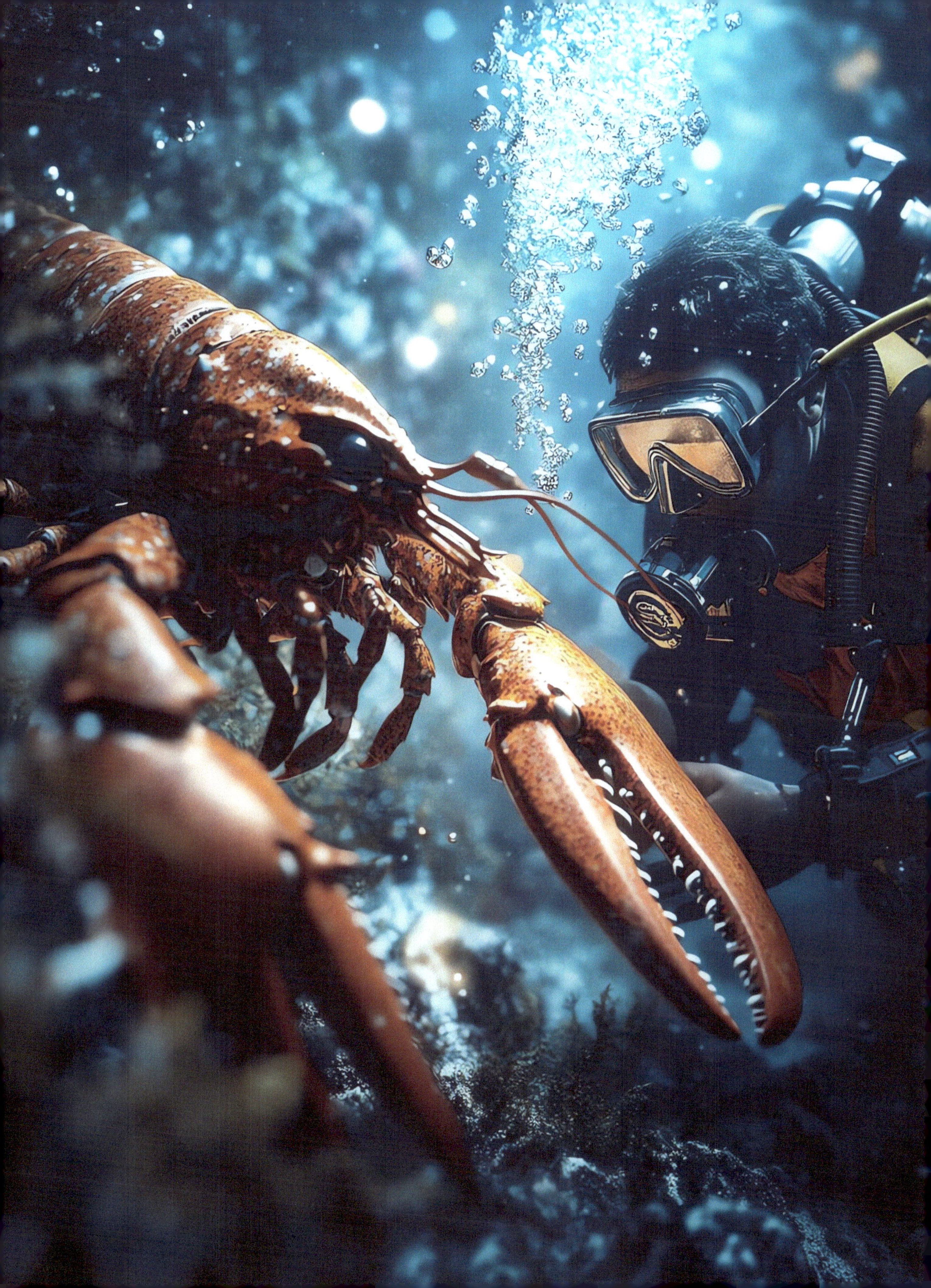

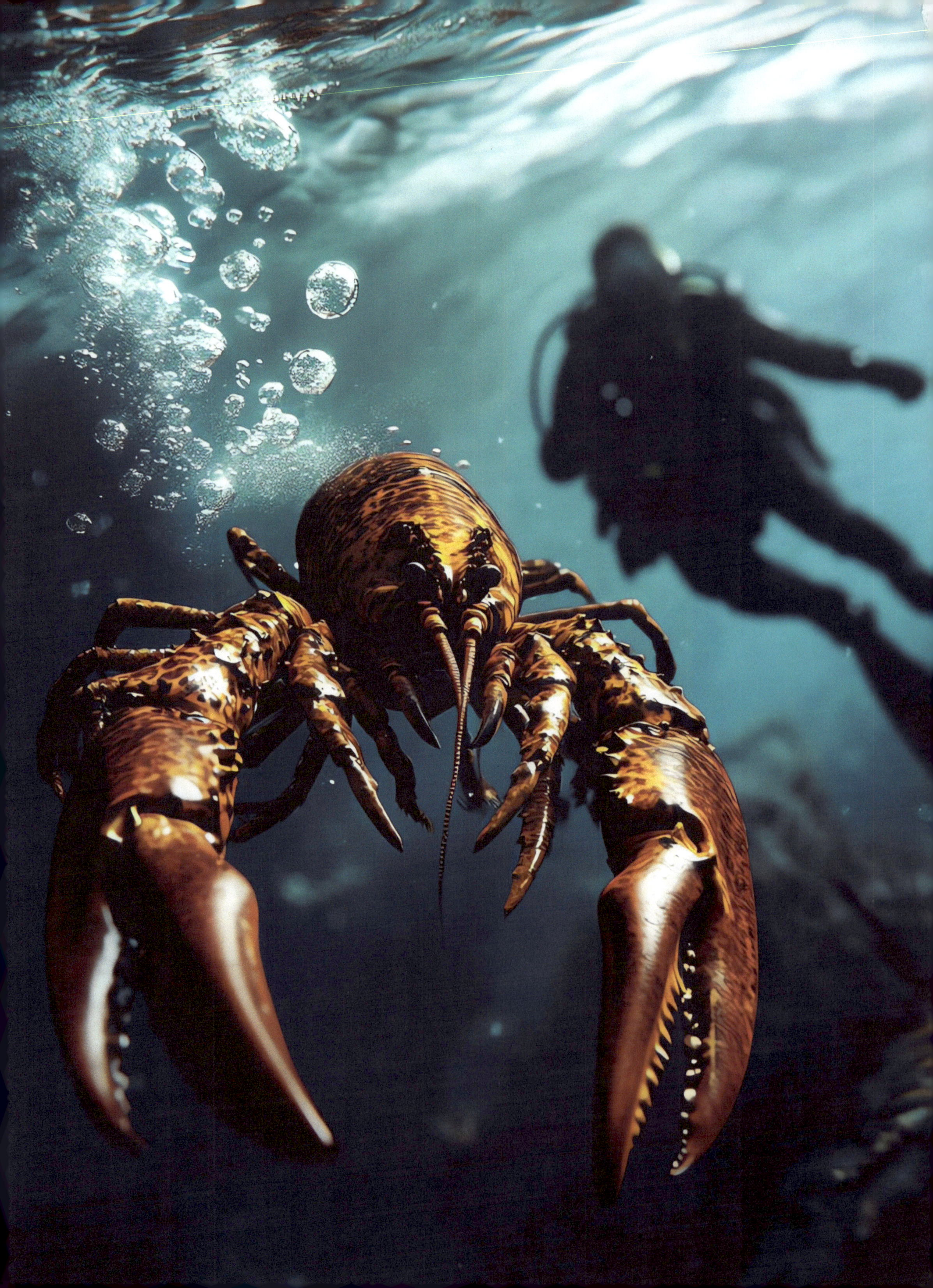

www.ingramcontent.com/pod-product-compliance
Lightning Source LLC
Chambersburg PA
CBHW040439220526
45473CB00004B/1476
* 9 7 9 8 3 0 0 9 7 8 4 8 8 *